U0857263

# 职场进化论

柏燕谊 著

译林出版社

图书在版编目（CIP）数据

职场进化论 / 柏燕谊著. —南京：译林出版社，2017. 9
ISBN 978-7-5447-6780-4

Ⅰ.①职… Ⅱ.①柏… Ⅲ.①职业－应用心理学－通俗读物
Ⅳ.①C913.2-49

中国版本图书馆 CIP 数据核字（2016）第 298395 号

职场进化论 柏燕谊 / 著

责任编辑 韩继坤
特约编辑 苏雪莹
装帧设计 Metis 灵动视线 李莹
校　　对 肖飞燕
责任印制 贺　伟

出版发行 译林出版社
地　　址 南京市湖南路 1 号 A 楼
邮　　箱 yilin@yilin.com
网　　址 www.yilin.com
市场热线 010-85376701
排　　版 灵动视线
印　　刷 北京旭丰源印刷技术有限公司
开　　本 889 毫米 ×1194 毫米 1/32
印　　张 6.875
字　　数 120千字
版　　次 2017 年 9 月第 1 版　2017 年 9 月第 1 次印刷
书　　号 ISBN 978-7-5447-6780-4
定　　价 39.80 元

# 目　录

## 第三章　同事：你的盟友和对头



## 第四章　职场：丛林与舞台

# 坑人的习惯

在职场中，你或许早已练就了一双火眼金睛，能够洞悉别人给自己设置的陷阱，大风大浪你是不怕的，因为你已练就一身躲闪腾挪、避开各种明刀暗箭的好功夫，你可以凭借这身本领游走江湖。但你有没有发现，自己总是在不经意间受到伤害？而这些能够影响和伤害你的，恰恰不是那些险恶的大风浪，而是那些就算是职场新人也都见怪不怪的所谓职场规则。

当一个人在某个领域里有了一些经验或者成绩时，对自己往往会有很好的自信。在这份自信的作用下，有时候会忽略一个问题，那就是：用不变的思维模式去思考时刻发展变化着的事件。

有这样一个故事，一匹小马驹每天跑出家门的时候都会路过一座小桥，刚开始，它每次都小心翼翼地上桥，慢慢走过去。当它对这座小桥已经非常熟悉，甚至可以闭着眼睛过桥的时候，它每天都飞快地跑过小桥。后来小马驹长大了，离开家去云游四方。有一天它回到了家乡，回到了自己熟悉的地方。它看着小桥那边的家很是兴奋，于是像以前一样飞快地跑上小桥。没想到小桥突然塌了，在外驰骋的时候从没有受过伤的骏马从小桥上跌落。骏马忘记自己已经非常健壮，小桥已经不能够承载它的重量。它也忽略了这座小桥已经年久失修，再也接受不了飞驰的速度。如果这座小桥是在骏马驰骋四方的道路上存在的，它一定会因为不熟悉而谨慎对待。但恰恰是因为这座小桥是它曾经非常熟悉的，也是它走过千百次的，所以它才用旧的认识对待了这座已经变化了的小桥，也用旧的认识处理了变化了的小桥和变化了的自己之间的关系。

我们初入职场时总会有很多盲点，因此我们也会有很多看起来很幼稚的错误。那时候我们会懊悔、纠结，但我们会很快走出这个错误带给自己的不愉快。对呀，谁也不是生下来就拿着公章和工资袋的，犯错误当然是必然的。但是如果我们已经成为老手，因为经验、习惯上的轻视而让自己犯了幼稚的错误，恐怕我们自己都会很难接受！

职场的生存、职场的发展真正需要的不仅仅是我们的操作经验，更需要对问题有深层次的认识和理解，最好能从心理层面了解问题的动态发展过程。当你从心理学的角度了解了很多事情的原委之后，再去面对职场最基本的问题时，就不仅仅是你的经验，而是你思考问题、面对习以为常的事件的本能处理反应。这个本能不是机械的、条件反射的处理本能，而是思维上、意识上时刻保持清醒对待的本能。

职场陷阱往往不是那些我们以为的大风大浪，最大的陷阱隐藏在我们的习惯当中！

# 第一章　金碗、银碗，端得住的才是好碗

我们眼中的职场构成是怎样的？我们如何步入职场并斡旋其中？这个过程是快乐积极的，还是痛苦消极的？奥妙都在我们眼中的职场和现实职场的差异当中。

# 1　读懂公司“五子棋”

如何能够在自己的单位中立于竞争的不败之地，让自己不会成为“被辞退”这个茶几上的一个杯具，这是很多从业者的困惑。很多人以为这个困惑来源于我们对自己能力的怀疑，其实更深层的原因是我们对职场人员设置的一些观念没有充分和正确的认识。

不论什么行业的公司，它的公司结构设置都是有规律的，就像不论多么复杂的棋局都有自己的棋谱一般。读懂公司这盘棋的棋谱，是能够更准确地给自己定位的一个关键。如果我们将自己的位置摆错了，或者期待不符合自身的实际状况，这盘棋必输无疑。

公司里复杂的人际关系和职位设置有这样几个关键点需要我们认识。

## 公司的“五子棋”棋谱

每个公司的员工都基本可以分为以下五种类型：公子、才子、财子、女子、驴子。

公子：有很强硬的社会关系，公司可通过这个社会关系拿到大订单或者因为拥有这个公子而获得良好的社会资源。

强华在一家大型的保险公司工作，努力了三年之后他决定辞职。原因很简单，他认为公司领导不能慧眼识英雄，让不该得到重用的人得到了重用。

在强华的部门有个叫李烁的，来公司虽然只有一年半的时间，却连连升职加薪。但是平时强华既看不到李烁有积极联系业务的行为,也看不到他签下来什么客户。李烁业绩为零，但为人很拽，对同事爱答不理，每个月能够按时上下班的次数不超过两次。现在李烁已经和强华平起平坐，薪金待遇也与强华在同一水平。面对这样的闲人，强华不能理解更无法接受。强华和公司经理交流时表达了自己的看法，他认为这个人的存在是对自己努力工作的嘲笑。不幸的是，公司领导并没有给强华一个过硬的理由，只是简单地告诉他，这是公司领导层的共同决定。为了摆脱这种不公平的待遇，强华辞职跳槽到竞争对手的公司。

造化弄人，强华刚刚适应了新单位，却发现李烁也来了，并且一来就做了部门经理。

强华郁闷不已，千方百计地找到原公司知道内情的人，这才打听到，李烁的母亲在某个有国企背景的大机构做董事长，她的单位每年保险订单的金额占到公司全部业绩的20%。所以，李烁不需要做什么，他的存在就是全部的价值。

强华无语，对自己冲动辞职的行为颇为懊恼。

如果你有这样的背景，我相信，你的择业之途不会有太大的坎坷。如果你不是公子，那面对公司里莫名其妙出现的那些貌似没有价值的人反而不要过多地计较。公司是各大股东、老板的，或许他们很有钱，但他们也绝不会做没有价值的投资，要不也混不到“老板”这个称谓。

当然，我们或许会因为这样的遭遇而愤愤不平，甚至觉得自己的付出显得那么卑微、廉价。如果这样想，那么你就又在无意识中犯了一个小错误：价值概念混淆。

我们每个人都有自身的价值。也许，你的价值是你的素养和技能，有的人的价值在于他的资源和背景，而还有人的价值则仅仅体现在他的生理优势上。但不论是哪种价值，只要我们能够将其运用到恰当的地方，也就实现了个人价值与货币的成功转换。

在这一点上，我们是平等的。如果你的价值能够和公子背后的价值抗衡，那么，你也一样可以很嚣张。如何能够拥有嚣张的资本？做下面这个“子”！

才子：掌握公司核心技术，他的脑袋是公司任何一个人或者任何一台 CPU 都无法替代的，他的智慧能够使公司在行业内立于不败之地。

关于才子在这里就不赘述了，大家应该都知道他们的价值，从运动界的姚明、刘翔到文艺界的冯小刚、张艺谋、姜文，再到科学界的钱学森（被称为“中国火箭之父”）、邓稼先（中国的“两弹”元勋）、袁隆平（发明“水稻杂交技术”）、茅以升（中国的“桥梁专家”）、叶笃正（气象学专家，最早提出“大气变暖”的气象学家之一），等等，都是我们公认的才子。或许在现实生活中，上述这些才子还是距离我们太远，但我相信，在你的成长过程中肯定也见过这样的才子，不信看看现在各大名校的少年班。

才子，也就是我们常说的不可多得的人才，是每个公司的珍宝。你认为自己是才子吗？下面提供几个优秀才子的智商排行，或许你可以参考一下：

英国物理学家牛顿：190

奥地利音乐家莫扎特：165

微软创始人比尔·盖茨：160以上

德国科学家爱因斯坦：160左右

被包括微软在内的多家公司垂涎的九岁计算机神童瓦伊利：155

英国理论物理学家斯蒂芬·霍金：140以上

当然，不是说只有智商超过多少的人才有资格做公司的才子。刚刚说的那个强华，其实他就是凭借自己的努力升到公司才子的位置的。他的跳槽虽然不至于使公司受到重创，但也的确给公司造成了很大的损失。智商和成绩有一定的关系,但和成功的关系就没有那么密切了。想要获得事业的成功、生活的成功，光有一个智商是不够的，还需要具备很多其他方面的“商”。另外，并不是必须身处显赫的工作岗位才能成为才子，每个岗位都有自己的才子，所以不要小看你的职场角色。

赵晴是一个家政服务工作人员，她凭借自己丰富的生活经验，以及出色的产后营养餐制作手艺，成为月嫂这个圈子里出类拔萃的人才。赵晴陪伴过的产妇及其家属都对她赞不绝口。有口皆牌的赵晴即使比其他月嫂收费高50%，档期却依然很满。

工作本身并没有高低贵贱之分，关键要看你是否有能力把自己的一技之长运用到工作当中，并让它成为你的核心竞争力。当你的核心竞争力在短时间里无人可以取代时，你就有了和公子竞争的资本，也有了选择的资本。

这里请关注一个问题，核心竞争力可以是智商上的，可以是业务上的，可以是资源上的，也可以是人际交往能力上的。你需要更加广义地去审视自己最雄厚的资本是什么，然后放大它。

如果你既不是公子，也不是才子，那么想要获得公司里某些重要人士的认可，还可以做另一个“子”，那就是财子。

财子：掌握公司财政内幕的人。

财务人员是公司的核心，能够在这个位置上获得良好上升空间的人，其人际关系通常是很微妙的。

我们不能妄自揣测公司是否有不合理的支出或收入，每个公司的老板为了能够让自己的利益最大化，或多或少地都会考虑开源之外的节流问题。这个节流对象或许是某个机构，或许是员工的福利。

能否成为公司的守财童子，关键要看你是否是老板的嫡系。

做财子并不是很容易。你知道钱意味着什么吗？它除了能够显示一个企业的价值，还有很多其他的意义。比如，它是公司良性运转的必要条件。从心理学角度看，钱的意义更加复杂，它是人们安全感的外部表现形式。我们每个人对自己的钱都是很谨慎的，赚得谨慎、存得谨慎、花得更谨慎。生活在商业社会中，钱能够给我们提供很多选择的权利。因为有钱，你可以选择自己喜欢的工作；因为有钱，你可以选择自己喜欢的生活方式；因为有钱，你甚至可以自由选择你的情感生活。所以，当涉及个人财务问题的时候，我们通常会感到很焦虑。

对于一个企业来说，财子是参与了管理的人，老板自然会格外重视。

通常，老板会选择自己的嫡系作为公司财子。这个嫡系可能会是老板的某个亲属，也可能是和老板共事多年并获得他绝对信任的某个人。能否成为老板的亲属，要看你是否有晋升为其家庭成员的能力和机遇。如果没有，那就想办法获得老板的信任，让老板发现你对公司的高度忠诚。

王志林以前是公司的财务助理，经常跟随老板出去办理一些业务。老板是一个很粗线条的人，对待一些小钱并不是很计较。比如,房费结算是1860元,老板通常会甩给小王2000元。当小王把找回的零钱拿给老板的时候，老板一般挥挥手就过去了。所以,每次现金结算后剩下的费用就归小王自己支配了。

一次，老板和小王出差，途经某个城市小住的时候，老板的房间不幸闯入了盗贼，行李和公文包都被偷了。老板懊恼之余让小王给公司财务主管打电话，让其汇钱过来。小王从自己的工作资料箱中拿出一个账本和一张银行卡。账本上清楚地记录着每次小王和老板出来办事时现金结算后的结余，那些钱都存在这张卡里。虽然这些钱并不能支撑整个出差的花费，但也解了眼下一两天的燃眉之急。

结果可想而知，小王回公司后顺利升为财务主管。

想做财子，先学做人！

当你想要获得老板信任的时候，一定不能让他感觉到你对公司有明显的利益企图，而是要让他知道，你很明确自己对公司的责任和公司给自己的报酬之间的关系。

另外，还有一个“子”也是不得不说的，毕竟这是一个竞争面前男女平等的社会。

女子：在职场中，很多职位是只有女性才能够胜任的。

古语有云："唯女子与小人难养也。"这句话在当代职场的意义不可小窥，小人会让你在职场栽跟头，而女人会成为你吃不着葡萄说葡萄酸的原因。

成蕊蕊是某大机构公共关系部的"宝贝"，她身上散发着一种浑然天成的纯净味道。开朗但不张扬的个性，睿智且幽默的语言风格，八面玲珑的处世之道，得体的谈吐，机智圆通、洁身自爱的工作态度，再加上深不可测的酒量，使得老板只要是出席重大场合都会带着硕士学位的蕊蕊。

这样的女子在公司中的地位是很稳固的。面对这样的女人，你是否要说个"服"字呢？

当然，也会有一些拥有这样资本的女性朋友，将优势转化为自己钓金龟婿的资本，将公司当成自己通向幸福婚姻的平台。其实这也无可厚非。每个人都有获得幸福的权利，只要做好自己力所能及的事情，把握好尺度就足够了。也就是说，吃好自己手里的这颗葡萄就行，别人手中的那颗未必比你的甜。

再说，很多女孩子往往是聪明反被聪明误，给自己定了价格或者贴了标签，没准就砸手上了。所以，要看准自己的优势，别没事总向葡萄架下的狐狸学习。

如果你没有机会或者能力成为上面的几个"子"，那么还有一个"子"是你一定可以做到的。

驴子：埋头苦干、任劳任怨的基层工作人员。

驴子虽然不是很雅的称谓，但是绝对形象。这些人加班加点，毫无怨言，面对批评、无理由增加工作量都能够如喝水般顺利消化。

没有任何侮辱的意思，我也是广大“驴友”中的一员。只是这个“驴友”不是指出去探险旅行的“驴友”，而是任劳任怨、踏踏实实工作的职员。这个类型的职位或许是不起眼的，但是如果没有这种人的存在，公司也是会大乱的。

一个食人族的男人由于某种特殊的原因到某家大公司工作。公司的董事长知道他饮食上的特殊爱好，在这个人就职当天，便对他说：“公司里的经理、主管你可以随便吃，实在想换换口味，吃个把CEO也勉强能够接受。但是，每个办公室的助理你绝对不能食用，否则被人发现后我就没有办法替你掩盖了。”

这位食人族的朋友谨记董事长的教诲，每次选择的食物都是经理、主管级别的。但是一道菜吃久了总会腻，人都有伊甸园情结，你越是不让他越雷池半步，他越有尝试的冲动。食人族人也是人。在安全地工作了半年后，这位朋友终于忍受不住新鲜食物的诱惑，吃掉了一位助理。结果在第三天，他的恶行就被发现，原因是很多文件、预约安排等由于这个人的消失出现了混乱。

虽然这个故事有黑色幽默的味道，但我希望广大“驴友”能从中受到启发：你的重要性不在于你的工作职位，而在于你的责任意识和工作态度。

正确了解公司的需求，找到最能够发挥自己才能的职位，让自己成为公司无形资产的一部分，这才是我们在职场上获胜的佳径。或许你是天才，或许你是驴子，但这些又有什么区别呢？

## 角色差异带给我们的职场困扰

即使我们了解了公司的人员结构，也准确地给自己定了位，还是会有很多压力或者烦恼。这到底为什么呢？其实从刚才提到的强华的故事中，我们就能够看到，影响自己情绪和压力感受的一个很关键的因素就是我们太善于——比较。

相同背景下的比较能给自己提供前进的动力，规范自己的言行，阅人镜己，这是“比较”的积极作用；如果不是在相同或者趋同的条件下进行比较，那不仅不会产生积极的作用，还可能出现失去自我价值感的状况。在职场中也是这样，没有阳光心态的人往往会去和周围的环境进行错位比较。这些“比较”并不限于工作本身，也可能是我们的生活状态或者情感状态。有一个女孩就因为错位比较给自己制造了很多麻烦。让我们来看看她的故事。

孙倩是某网站时尚版的编辑，同部门还有两个同事。三个女孩的年龄资历都差不多，但是另外两个女孩一个家里很有钱，一个老公赚得多。两个女孩今天LV，明天香奈儿，后天又是什么一线品牌的走秀款，不断用自身演绎着时尚。在这样的环境中，孙倩没有用学识、业务能力等自己的强项与她们比较，而是感叹，明明自己容貌不比她们两人差，能力也比她们强，为什么就没有她们那么好的物质条件，让她们有机会在自己面前炫耀（当然，这个炫耀是孙倩自己定义的）？于是，孙倩也开始大量购买大牌服饰。虽然孙倩月收入一万多，但她每个月依旧要从信用卡透支很多钱，发工资后的第一件事情就是还信用卡。这样的消费心态和消费速度自然持续不了多久，孙倩很快入不敷出。这时候，她不但没有反省自己，反而认为是这个环境太压抑。于是，孙倩辞职了。

孙倩认为私企、外企都会有很多她同事这样的女孩子，机关单位会纯净很多。于是，她很费劲地调到一家国企旗下的杂志社。但是没过多久，这个杂志社改制，也成了私企，孙倩转了一大圈又回到原点。

不知道她现在的生活如何，在她的环境中是否已经没有富二代、官二代，是否也没有人钓到金龟婿。不过她若不改变这种“比较”的心态，肯定还会发现其他自己比不过别人的因素的。

孙倩缺乏阳光心态，没有从积极乐观的角度去看待自己的实力，忽略了自身所拥有的真正价值。她忘记了，同等的物质享受是可以通过不断地提升自我获得的，虽然那个过程有些长,有些曲折,但它是坚实的、长久的。如果打肿脸充胖子，仅仅依靠表象与别人的物质优势相抗衡，压力是可想而知的。就像我们用自己早上没有梳洗时的生活照 PK 别人的艺术照一样，想不受打击都难。

## 走出职场比较的误区

比较是人的一种天性。我们需要对自我存在的各个方面做肯定和保护，所以我们会去比较；我们会不满于自己的存在现状，期待更好的生活，所以我们会去比较。既然比较是一件无法避免的事情，那么怎样“比较”才能让自己保持心理的阳光、健康?

在《媳妇的美好时代》中，毛豆豆和丈夫余味对此有很好的演绎。豆豆到姚静的公司做销售，同事们表面都还客气，但她有次去茶水间打水的时候无意中听到公司两个女孩对自己的议论：穿的都是地摊货，也不化妆，一看就是乡下来的，鞋子都是去年的打折款，等等。这些女孩子能够观察得如此仔细，也能够看出“比较”这个东西在职场中的巨大威力了。同事的议论让豆豆非常尴尬。下班后她立刻带着丈夫杀到商场，在鞋店里挑最贵的、最新的、卖得最好的鞋。这种反常的行为让余味很是诧异，在他的追问下，豆豆说出了自己在单位受气的事情。余味给她分析同事的心态：羡慕嫉妒恨。当售货员拿出一双两千六的最新款皮鞋时，这对小夫妻立刻像弹簧一样从沙发上弹到了店外。余味为了显示自己对老婆的支持和宠爱，说：“两千六也可以买，咱花得起。”这时候豆豆说：“花得起也不花。我想明白了，我和那帮人较什么劲呀，她们都是一些嫁不出去的老姑娘，我是名花有主的，别说穿地摊货了，我穿什么都比她们好！”

她对余味说：“我明白了，我得拿我的强项和她们拼。明天，你，到我办公室，好好表现表现，听见没有？”第二天，余味到了豆豆的办公室，先充分展示了对豆豆的宠爱、呵护，然后从给豆豆带来的饭菜上显示出一定的生活质量，最后从余味工作的交往对象是梁朝伟、刘嘉玲而显示出他能力的不凡。这不仅为豆豆挽回了面子，也为豆豆赢得了同事们的尊重。

职场中这样的“比较”比比皆是，原因就是我们需要对自己的优势和价值给予不断的肯定和保护。像豆豆这样，当“比较”出现的时候，知道以长搏短，懂得优势保护，是很聪明的做法。如果只看到自己的弱势，就容易出现问题。

我们为什么要拼命掩盖自己的弱势？是怕被洞悉、被嘲笑，还是怕低人一头？说白了，就是因为我们没有很好的心态。同样是自我保护，用虚张声势来保护自己的弱势和利用自己的强项为自己打造优势、弱化劣势，两种做法产生的结果是完全不同的。前者是自我价值的降低，让自己感觉委屈；后者是自我价值的树立和提升，让自己产生幸福感和成就感。

如果没有一个阳光的享受工作的心态，没有一个对自己的准确认识和定位，你的努力和回报往往会不成正比，甚至会因为角色的不确定而伤害你的成就感。给自己目前的角色定好位，努力把握住现在，充实自己。不断地提升自我，善于展示自我，增强自信，善于用健康的心态去面对“比较”，这才是让自己尽快成长的不二法门。

正像俄罗斯戏剧大师斯坦尼斯拉夫斯基说的那样：“在戏剧艺术创作中，只有小演员，没有小角色。”这句话运用在职场这个舞台中，又何尝不可！你要记得用阳光的心态看职场角色：每个角色都非常重要，只有错误的角色定位，错误的角色比较，没有错误的角色。

## 2 大公司不一定是香饽饽

招聘大潮每年都会伴随着春天的脚步来临。在择业过程中，很多朋友都存在着这样的困惑：到底是选择待遇好的大公司，还是先找家中小型公司积累工作经验？

按照传统观念，大公司肯定是首选，大公司是一块人人垂涎的香饽饽。这种观念真的对吗？它适合所有人吗？

公司的规模暂且不提，你知道大小公司各自都有什么优势和劣势吗？你知道如何调整在不同规模的公司打工的心态吗？

大公司的确有很多中小型企业不能比的优势：完善的公司制度，严谨的升职加薪标准，良好的福利待遇……进了这样的公司，只要不赶上全球经济大萧条，自己又兢兢业业、恪尽职守，就基本上算是进入稳定状态了。

在我国，子承父业是一个被很多人认可的职业文化现象，其实这在很多其他国家也都适用。比如，日本很多家族式的大企业，不仅领导层是由家族人士世袭的，就连挑选员工都是家属优先。

原因很简单，传承下来的一种企业文化如果被职员的家庭接受，那么员工对企业的忠诚度就会大大提高，对企业文化的宣传和配合也能做到竭尽全力。

不过大公司也不是那么完美，它的很多优势对一些年轻人来说也许会成为一种禁锢。

严格的等级制度和职能分化会让很多年轻朋友逐渐丧失斗志，而且随着对自己本职工作的熟悉，他们会产生才不能伸的压抑感。

每个人对自己的评价和期待都是很高的，都希望在自己的职业生涯中获取更多的价值感。然而，当人成长到一定的年龄，经历过很多次的社会洗礼之后，棱角会慢慢消磨掉，年轻时的激情也会逐渐丧失。我们不禁要问，当梦想照进现实之后，梦想还有多少被保留？自己实现梦想的途径在哪里？在这个社会中竞争，到底需要关系还是实力？

一位年轻朋友的来信让我感受到踏入社会后久违的激情与活力。

老师：

您好！

我有问题想请教您。我以前跟您说过，将来从业的时候不想去父母安排的国企，而是想经商。当时您告诫我不要太乐观时，我还觉得父母那边不会有问题。没想到您说对了，我家人不同意我选择这样的工作。我非常想知道，现在的社会没有关系就干不成事吗？有关系不用却想单挑就是傻子吗？

我是1990年出生的，专本同读，目前在一家国企实习，环境和薪水都不错，但我不想继续留在这里。我还很年轻，有上进心，学习能力强，我想做自己喜欢的事情——经商。但家人想让我保持稳定的工作，然后结婚生子。我不想要这样的生活，不想就这样被同化。我有自己的理想，我认为不论结果如何我都应该为之奋斗。我的父母完全不能理解我。我真的错了吗?

我应该坚持自己的想法吗?我想要成就感，虽然自己打拼是有风险的，但我愿意承担。

我不是很聪明，但我也不认为自己笨!我非常想靠自己的努力获得自己想要的东西，但好像所有过来人都认为，在职场上，没关系就是抓瞎。

……

这位朋友的陈述让我沉思良久，这是现在很多年轻朋友就业时会出现的困惑。想要证明自己的实力，是一个积极的年轻人应有的想法，不过，关系也确实是竞争中不容忽视的因素。

在社会竞争中，我们大可以放弃使用关系，但是你要知道，你的竞争对手未必会如此光明磊落地面对竞争。你放弃关系这张王牌的时候是否其他人也放弃了呢？这是父母所担心的。所有的父母都不希望自己的孩子经历磨难，而是希望为他们铺平道路。但是孩子总是希望自己的价值能够更多地得到体现，自己的能力能够更多地施展,这就会和父母的“爱”发生冲突。

面对父母的阻挠，你需要拿出更多的行动去说服他们。比如，在你考虑好得失、风险之后，深入市场搞调研，制订完备的发展计划，认真考虑资金的来源。同时，不断充实自己,增加自己的知识储备。关爱你的人看到了你的决心和强大，疑虑自然消除了。

关系，是可变化的因素，不可控的因素，过多地寄希望于关系往往会让自己的价值感降低。自身的建设是主动的、可控的，自己的强大才是硬道理，否则一切都是纸上谈兵。

出于自我价值保护的本能，我们在寻找不快乐的原因时，往往只能看到外因，却忽略了快乐需要的不仅仅是环境，更重要的是创造快乐的能力。

国企对人的斗志的消耗是存在的，但国企同时也是自我建设的好地方。在那里，人际关系和自由时间都会相对丰富一些。利用现在的有利条件尽可能地提高自己，丰富自己的社交网络，并且做出有针对性的规划，或许以后父母就会减少很多因关爱而给你设置的障碍。

要体会父母的爱，用事实和他们说话，若只是单纯进行情绪上的对抗，那只能拖住你前进的脚步。

如果说，我和这位年轻朋友的交流没有引起你的共鸣，那下一位朋友的经历是否能让你有所思考呢?

Lra 是德国某航空公司中国航线的一名空乘人员，能够在这样一流的大公司就职是她曾经非常自豪的事情。在就职培训的过程中，Lra 遇到了机组一位男性空乘员工。两个人情感融洽，也有共同的兴趣爱好。在经历了一年半的恋爱后，两个人走进了婚姻的殿堂。世事难料，两年后，Lra 的丈夫出现了感情变故，提出离婚。

他们的工作环境就是那架飞机，在那么狭小的环境中，很多记忆是抹不去的。相比男性来说，女人更加容易受到环境的影响，难免触景生情。何况，Lra 是“被离婚”的一方，接受起来更加困难，于是她想到了辞职。

让 Lra 最为痛苦的择业问题出现了。她目前的月薪是两万元人民币左右，每年还有三个月带薪休假，如果要生孩子，产假是三年。

Lra 以往的工作内容就是给乘客做些空中服务，没有压力，没有危机。这么舒适的工作环境让已经三十二岁的Lra不知道自己将来该从事什么样的职业。

生活中的一些意外可能会让我们在大公司就职的时间非常短暂，所以在大公司打工期间，除了要爱岗敬业之外，恐怕还要有居安思危的意识。即便不离开这个公司，也要不断充实自己，提高自己的软实力，这样自己才不会被突发事件弄得手足无措。

职场上，还有一个问题需要你提高警惕，那就是不要越俎代庖。

张智刚刚毕业的时候，在中关村一家网络公司工作。在中小型公司的打工经历让张智积累了丰富的实战经验，从研发到销售，甚至一些行政事务他都积极地参与和学习。如此勤奋好学，加上对网络研发有很高的悟性，两年后，他顺利地进入了IBM公司。

由于先前那家公司规模小，成本需要控制，所以全方位人才是老板非常喜欢的。而张智本身又眼勤、手勤、脑勤，复合型人才是他在小公司从业的最大优势。

张智带着这样的工作习惯开始了自己的IBM生涯。他会每天早些到公司，将自己的办公室打扫一新。在和部门经理沟通时，他还会不时地为经理添茶倒水，工作态度也很积极。没想到，一周后，那个对张智厚爱有加，将他招聘到旗下的部门经理却委婉地对他提出质疑："你来公司到底是做研发的，还是做行政助理的？"

面对这样的质疑，张智非常难堪，不过聪明的他很快明白了一个道理：什么台子唱什么戏。不同规模的公司，对职员的期待和价值定位是不同的，要因地制宜。调整了心态后，张智在做好基本的职场关系维护之外，将更多的精力放在了自己的专业内容上，通过不断学习来提升自己的实力。试用期过后，张智顺利转正。

在大公司和在小公司的打工心态或许是有差异的，但必须时刻加强自身建设却是相同的。没有金刚钻，有了瓷器活也白搭。有没有资本进大公司，有没有资本创业，都是需要深思熟虑的。大公司不一定是香饽饽,你到底有什么样的牙口，要自己先审视清楚才好。

毕竟，生活不是科幻小说。

如何辨别自己的公司是否属于大公司，其实很简单，除了看公司各种制度是否完善外，就看公司的待遇了——给不给职员上“五险一金”。通常中小型公司只给员工上保险，住房公积金是没有的。

# 3　常跳槽好不好

近期总能听到一种关于跳槽的新说法：跳槽是实现加薪的最好途径。

这句话鼓舞了很多对自己的工作现状有遗憾的年轻朋友，他们纷纷摩拳擦掌准备这一“跳”。跳槽真的能达到加薪的目的吗？或许这句话有一定的依据，但是任何事物都不是绝对的。关键要看你有没有做好承担跳槽后果的准备了。如果跳槽没跳好，你怎么办呢？

## 人往高处走，水往低处流

“人往高处走，水往低处流。”这句看似简单的话实则内蕴无穷。

单从生理角度来看，人往高处走的时候是需要很多内外因共同发挥作用的。首先看内因，人的身体健康程度直接决定了其攀爬的高度。有的朋友身体健硕，爬香山“鬼见愁”就像翻门口的小土坡一样轻松，有这样体力的朋友会去翻越真正的名山大川来挑战自己。

还有就是外因——装备。现在很多年轻朋友的爬山技巧或许有待提高，但有向导、教练、登山工具、登山服饰等作为补充，也是有机会“一览众山小”的。当然，个人身体素质也不能差太远，如果是一步一咳嗽、三步就晃悠的身子骨，再好的装备也瞎掰。

再从这句话投射的角度看，“人往高处走”也是自我价值期待的一种现实体现。通俗点说，你虽然现在吃的是粉丝，但不妨碍你认为自己终将吃上鱼翅，这样的自我期待很容易成为自己前进的动力。但从期待变成现实也是需要内外因共同发挥作用的。内因就是你的个人素质,也就是你的竞争实力。这个实力可以是你拥有 N 多个一流院校的本本，也可以是你有某个专业领域的工作经验、奖杯，还可以是你自己的外形、外貌。而外因就是我们中国人最喜欢、最热衷的人际关系。只要你的关系网够坚实、挂得够高，那你的个人素质在众多影响竞争成败的因素中可以不占主导地位。

如果你没有那么强有力的外因来帮助自己在职场中不断攀升，那就最好积极苦干，增强自己的内在竞争实力，在奋斗过程中逐步完善自己的人际关系网。

## 脚踏实地，放眼大川

一匹云游四方的骏马在旅途中有些疲惫，准备找个不错的驿站休息休息。忽然，它看到一头驴子靠在磨盘边上悠闲地嚼着草料，便凑上前去搭讪：“驴老弟，歇着哪！”

驴子高高地昂起头，几乎是用鼻孔看着骏马：“哦，是马兄呀！对呀，刚刚忙活完，歇息一下。”

骏马觉得驴子看自己的姿势甚是奇怪，就问：“驴老弟，你为何不睁开眼睛看我，而是费劲地用鼻孔看我呢？”

驴子不满地打了个响鼻说：“你见过谁的鼻孔会看人？”

骏马更是不解："那你刚才的行为如何解释呢？"

驴子解释道："最开始，我家主人怕我拉磨的时候东张西望，不好好干活，所以就在我眼前绑了一个帽檐似的东西，让我只能看到脚下半米以内的地方。这么一来，我要想看什么东西就必须高高地抬起头，否则看不到的！"

骏马同情地说："哎呀，真是难为你了。只能日复一日地看着脚下的泥土，错过了大好风景，真是驴生之不幸呀！"

驴子不以为然地边嚼边说："这有什么不幸的？我并没有看到风景，所以我心中也就没有风景。它对我来说是不存在的东西，我没有得到，又有什么可遗憾的？"

通过这个故事，朋友们应该能明白，做好眼下工作的同时，还必须放眼四周。只有当你看到了美景，你才有到达那里的动力。反之，如果一味闷头苦干，只会让自己原地踏步，即便有好机会送到你面前，也是对牛弹琴。

## 路遥知马力，日久见人心

现在的年轻人做任何事情都习惯以自我为中心，我个人认为这没有什么不好的。一个连自己都不重视和珍视的人，也就没有能力去重视外界的任何人或事物。心理学中不论哪个学派，都强调以己为本，只有爱自己的人才能爱别人。爱自己，就要想方设法了解自己、弄懂自己。所以，这个"路遥知马力，日久见人心"，不是为了让别人知道自己的能力，看到自己的真诚，而是通过长时间的摸索和实践，让自己看清楚自己的实力和发展方向。

美国华尔街有一位著名的经济学家，某日，他突然发现自己对绘画产生了浓厚的兴趣。为此，他辞去了华尔街某家金融机构高管的职务，开始经营一家小画廊，并开始在某艺术院校内学习油画。三年中，他边学习边惨淡经营着自己的画廊。但就在他拿到这个专业的毕业证，而且画廊终于不再亏钱的时候，他关闭了这家画廊。

在关张前，他邀请了一帮热衷于绘画艺术的朋友一起聚会。朋友都很奇怪，问他为什么在生意不景气的时候不退出，反而要在获得专业认可并且生意有起色的时候离开？

这位前金融高管微笑着解释说："人要想完整地认识自己，就必须不断经历。我通过不懈地学习和努力经营，终于证明，我还是更适合华尔街而不是罗浮宫。但是，人要想不给自己留下遗憾，就只能用付出作为代价。我的付出就是不断尝试和学习，最终的结果就是我看清了自己。"

不知这位高管的经历是否能给朋友们一些启发。我们或许没有财力去为自己的梦想买单，但要想知道自己是否适合某个职业，至少先要努力尝试。如果结果是美好的，那你经历了最初的磨合期后会收获甜美的果实；如果结果不尽如人意，我们也能收获对自己更加深刻的认知。

要知道，磨刀不误砍柴工，多一分看清自己，就能少一分与成功的距离。

## 人挪活，树挪死

那些急着为自己跳槽找支持的朋友看到这里肯定会很开心，先别急着高兴。我没说，你挪了就一定活。

为什么树挪死？一棵大树的根须牢牢扎入自己从小生长的泥土中，对自己周围的湿度、温度、氧含量、光照等因素都已经适应。所以，当一棵树离开了它熟悉的环境，难免会因为不适应而死翘翘。

人挪活，是因为人本身就是活的。这不是废话，我说的“活”，不是死活的“活”，而是灵活的“活”。

人有很强的适应环境的能力。当我们到了一个新环境中时，由于自己的灵活和经验，我们会远离那些可能阻碍自己发展、影响自己快乐的因素，主动靠拢新的、适合自己的群体。所以，我们比大树更能适应新环境。

我有一个外甥，准备跳他二十三岁从业以来的第十四次槽。他今年三十二岁（我不老，辈分大）。我表姐，也就是他妈妈让我和他好好聊聊这个事情。我还没有张嘴，外甥就用一堆话将我堵住了：“跳槽是我自己的事情，或许我会因此加薪，或许我会因此而交到新朋友，或许我还不如我以前的状态，或许我没有得到反而失去……但是，这是我自己的事情，和你们有什么相干？挪不挪的，我自己觉得舒服就好，用得着听别人唠唠叨叨的吗？”

我是这样回答他的：

第一，你跳不跳的确和我不相干，只要你真的想好了，只要你真的高兴，别说跳十四次槽，就算你跳四十次也没什么。

第二，既然说到想好了与否，高兴与否，我就要问一下，你是否真的因为经历过这十四次跳槽而感到特别快乐？是否觉得自己的价值感在不断攀升？在每次跳槽前你真的明白这次跳槽为什么吗？

第三，知道有几种槽是不能跳的吗？知道什么样的跳槽心理是有偏差的吗？

如果这些你想明白了，你才会越跳越好；如果你压根没想这些问题，那这十四次跳槽只是你跳槽生涯的开始。到时候，谁难受谁知道！

外甥或许有所触动，于是跟我聊到很晚。下面是我总结的一些跳槽时应该想清楚的问题，供大家参考。

别只看贼吃肉，不看贼挨打。一位做策划的朋友，某日和老同学聚会，听说一位也是从事策划工作的同窗现在月薪是自己的两倍，刚好那位同学的公司在招聘资深策划，这位朋友就尝试投了一份简历，最终顺利入职。但是一年多后，这位朋友就辞职了。同学问他原因，他说，自从进了这家公司，每天休息的时间不超过五个小时，节假日和公休日对他来说只是美丽的神话，天天加班加点，一个人当十个人使唤。同学们笑他夸张，这位朋友很严肃地说，那位引起他跳槽想法的同窗已经因为劳累过度患了心肌炎，正在住院治疗。所以，他辞职了。

冲动是魔鬼。现在的年轻人多是家中的独子，遇上一点困难就会产生挫败感，觉得委屈，甚至很愤怒。没办法，这就是成长，是人人都要经历的。很久以前就有进入社会的年轻人会被磨去棱角一说。活生生地被磨掉一块棱角，舒服吗？当然不。但是没有磨合怎么能够更好地运转？我们现在讲究个性发展，虽然不会被磨掉一块，但是在和社会咬合的过程中，还是会产生一些消极情绪的。当这样的情绪产生时，我们是勇敢面对成长的困难，还是逃避？可以选择逃避，只要你不怕最终逃回家里，不怕做一个缩在家中的啃老族，你尽可以逃。所以，以冲动为前提的跳槽是不理智的，这只是我们逃避困难的一个不得已的方法。

从众心理。以前都说学英语能够有很好的发展，于是大家都报考外语院校，结果呢？都说计算机行业能赚钱，大家一窝蜂地往上冲，结果呢？都说经济是热门，每个人都去考经济相关专业，结果呢？都说学音乐能够提高孩子的智力和修养，每个家长都觉得自己的孩子就是未来的郎朗，结果呢？面对热门的领域，你不一定刻意躲开，但也不用趋之若鹜，看清自己的实力和潜能，找到适合自己的工作，否则只会给自己增加竞争压力。

趋避式选择。当问题的各个方面都有利有弊的时候，我们面临的选择就是趋避式选择。比如,现在的工作做得很熟练，人际关系还可以；另外一份工作薪水高些，但是需要投入的精力和时间也都相对多些。如果跳槽时遇到这种情况，你就必须想清楚自己到底想要什么，不然不论选择了哪份工作，都会因为没有选择另一个而遗憾。适度放弃，才是跳槽时的明智之举。

高薪诱惑。某位人事主管在一家不错的外企工作，后来被一家民营企业的老板看中，以年薪高出三倍的价格将他挖了过去。工作内容很明确，为新公司搭建科学的人事结构、制定各种制度并推广执行。这位高管在出色地完成工作后，也就是入职的第十个月，被老板劝退。虽然他也拿到了第一年的年薪，但是一份稳定且有上升空间的外企工作却不见了。有时候，高薪未必是香饽饽，要综合公司实力和上升空间去评定。

人情槽。由于有朋友在企业中，甚至是有亲戚在企业中而产生的跳槽，往往会有很大隐患。由于你身份的特殊性，人们会对你的实力有很多猜测，而你要想证明自己的实力，就需要付出更大的努力。所以,你的付出是要大于收获的。另外，万一你没有做到让大家满意的程度，亲戚朋友的面子是否还能护得住，都还是个未知数。跳槽如果要以友谊、亲情为代价，是否会有些不值呢？

跳槽有很多学问和技巧，你要正确认识自己的价值和能力，及时调整自己的心态，不要为了跳槽而跳槽，更不要为了赌气或者逃避而跳槽。跳，只有一个目的，就是给自己一个更好的发展平台。如果这个不是跳槽的主要原因，只能证明自己还没有成熟。

跳槽大忌：不论为什么跳槽，也不论跳到哪个槽，千万不要说自己老东家的任何坏话。且不说风水轮流转，不知哪块云彩有雨，单从人的基本品格来说，人就应该有情有义。对于转脸就说前任坏话的人，你能够信任他吗？

## 4　有便宜就占，是傻蛋

调查显示，职场中不少人都经历过或者看到过这种情况：用公司的电话煲电话粥，在公司里打印、复印，多报销，把厕所卷纸和茶水间供应的袋泡茶、纸巾等带回家，在工作时间干私活，等等。

Anny：公司前台。她的男朋友在国外工作，由于越洋电话价格不菲，她经常晚上加班时溜到长途电话机旁煲电话粥，跟男朋友轻声细语，打情骂俏，一打就是好几个小时。

Cindy：一次下班等电梯时，她看到隔壁部门的头儿手里抱着一个厚厚的文件夹，忍不住恭维了他几句："还带文件回家办公啊？"话一出口就发现原来就是一叠用 A4 纸打印的东西，第一张纸上面印着几个大大的字——"明朝那些事儿"。

网上还有个流传颇广的笑话，叫"看牛人如何占公司便宜"，令人捧腹：

有一次，老婆回家忘了带钥匙，我让单位的快递公司把钥匙快递回家。快递公司与单位的费用是月结的，我浪费了单位的 10 元钱。

为了节省家里的电费，我的手机都是在单位充电的。

为了节省家里的水费，我每天到单位之后才洗脸、刷牙、刮胡子、如厕。

俺私吞了单位送给客户的一份小礼品——挖耳勺一个。后来，俺不断伸出俺的黑手。

单位每个月可以报销200元的出租车费。俺每天下班之后，都锁定一辆出租车跟着它跑，司机一般都会因为纳闷而停下来，俺就管他要一张当天的票。

在单位的时候，俺的手机只当呼机用。俺时常给在老家的娘打电话，一打就是个把钟头。

中午吃饭的时候，俺主动给俺领导买饭，每次都是刷两次他的卡。

单位新来了一批电脑，俺从退役的电脑上偷了两块16M的内存条，换了别人机器上一块32M的，再偷一块32M的，换别人一块64M的。现在俺的电脑就有256M内存了。

俺从单位的车上偷了点汽油，回家擦了擦我的那辆二八破驴。

俺时常从网上下载些小说，然后打印出来，装订成册。最长的就是金庸的全套小说了。

俺从家里带来一个脸盆。晚上没人的时候，俺就用饮水机里的热水泡脚。

俺用公款订阅了无数报纸、杂志，地址都是俺家。半年俺就卖一次废纸，来的都是大解放。

前不久，单位组织开会学习，会后我把红色的条幅拿回家做了个大背心和大裤衩，不过穿上后有点瘙痒。

……

这些行为有个共同的名称，叫做揩公司油，或者说占公司便宜。

## 给揩油一个理由

揩油行为如此普遍，不能说毫无理由。归结下来，主要有以下几种可能：

集体行为。反正大家都干，我不干岂不吃亏犯傻？法不责众，就算发现了，也不能把我怎么着。

报复领导。很多人觉得，老板给的工资太低了，不偷拿他点东西都对不起自己。虽然这些东西价格很低，但抱着不拿白不拿的心态，总能找到点心理平衡。

揩油不多。多数人觉得,就拿你一点小东西(比如笔、本子、打印纸)，用公家电话打长途、申请Q币，或者为自己开通一些游戏的收费项目什么的，无伤大雅，也算是公司给员工的一种隐形福利吧。反正也不值几个钱，公司不至于把我怎么着吧?

上梁不正下梁歪。有的部门领导对员工的揩油行为睁只眼闭只眼的，看见了也不管，认为反正都是公司资源，又不是从自己身上拔毛,难不成CEO还会专程从国外跑来管这个?有的领导甚至带头揩油。如此这般，难免上行下效了。有的老板对员工过于信任，报销单子上去，他几乎看也不看就签字了。管理层缺乏规范和原则也是造成下面的人浑水摸鱼的重要原因。

## 哪些行为算揩油?

到底什么是揩油？有时候，员工是不是真的占公司便宜，确实难以定义，需多加斟酌。举例来说，用办公室插座替手机充电是揩油吗？虽说公司有座机，但有的人就是喜欢用手机做通讯工具。手机没电了，又要联系业务，此时员工用公司电源替自己的手机充电是否恰当？如果硬要分得清清楚楚，实在太伤感情，兼伤公司业务。

再举例来说，把公司的笔记本带回家是否等同于揩油？如果笔记本是暂时借用，过些天再送还给公司，又或者员工将笔记本带回家仍用在加班方面，并非作私人用途呢？而且，假使笔记本是公司配给个人使用的，如何保证它全部用于公司业务而不用于个人娱乐？

另一个常见的现象是公用资源的耗用，如电、水与卫生纸等。任何老板都期望员工能力行节约，避免浪费，可是很难规范这些资源的使用量。到底是节约还是吝啬？恐怕老板和员工会有不同的看法吧。

不过，对于哪些是属于公司的“油”还是有一些原则性的规定的。

在工作中，不能揩的公司的“油”，包括：

公司的钱。公司支付给你的薪水、补助、津贴等就是你的劳动补偿，除此以外，为了个人的利益，不按规定、违背章程地使用企业的钱属于不当取用，是对公共财物的侵吞。例如，把个人的交通费作为加班费报销，或者把请朋友吃饭的餐费改成公司的招待费等，其性质都属于挪用、贪污企业的钱。

公司的物。工作场所的一切设备和物品，大到汽车、复印机、电话等，小到信纸、笔等，跟公司的钱一样，都属于企业财产，只能用于公务。用办公室电话处理私事，使用公笺写私信等都是公私不分的表现。

不过，衡量是否揩油的标准不是物品的价值，而是物品被用在公事与私事上的比例。如果公用文具或计算机等器材，80%以上用于工作，10% ~ 20%私人使用，大多数老板应该还是能接受的吧。

公司的时间。有人说，我不拿公司的钱，不拿公司的东西，上班时间干点私活总没什么错吧？其实这也错了。因为，你的上班时间是属于企业的，已经不再属于你自己。员工按月从公司领取工资，就意味着将一定量的时间交给企业，这段时间里你只能为企业工作，否则就是对企业的欺骗，你的工作时间就打了折扣。“不要在上班时间干私活”可以说是任何一家公司的明规则或是潜规则。不揩公司的时间还意味着按时上班，没有特殊情况不迟到、不早退、不请假、不拖拉。在工作时间内处理私事，其性质等于偷拿企业的钱，损害企业的利益。

例如，在日本人的心目中，不在工作时间干私活是处于底线的伦理要求，是每个员工的基本行为准则。在企业工作，应本着公共心，遵循普遍原则，公事公办，一视同仁。这是每一个企业员工应具备的基本素质。

如果确实遇到紧急的私事，不妨用自己的手机联系，同时最好趁休息时间，跑到楼梯间或是其他不会影响他人工作的地方。

上班时间内突然有私客来访而不得不接待，而且公司有相关规定的话，就必须按公司的规定办理请假手续。

## 揩油的后果

揩油真的无伤大雅吗？不妨看看下面几个案例吧。

案例 1：一家公司的职员把公司的稿纸拿回去，给上小学的孩子当作业本用。谁知，孩子老师的丈夫是另一家公司的部门经理，而该公司正要与孩子家长所在的公司合作一个项目。当他无意中看到孩子的作业本竟是那家公司的稿纸时，他对该公司的风气产生了质疑，于是中止了与该公司的合作计划。

案例 2：李女士在一家外贸公司做秘书，经常负责接待客户。公司在公关方面的预算很是可观，经常能买到很好的东西。时间长了，李女士就会借给客户买礼物之便，顺带给自己买些东西，并一起拿去给公司报销。过了一段时间，公司还是发现了这个问题，李女士被开除了。

案例 3：2008 年，海信容声公司发现工人林某私自携带废铜管出厂，认定其存在盗窃公司财物的行为，违反了公司制度，随即对林某作出开除处分，并罚款 300 元。2009 年，林某将海信容声公司告上法庭，索赔 7 万多元。最终，经过一审再审，佛山中院终审判海信容声无需向林某支付经济补偿金，只需支付林某应休未休的带薪年假工资差额 239 元。

案例 4：2009 年，利用商场"满一百返一百"活动，路威酩轩香水化妆品（上海）有限公司的一名高管没花一分钱，就从商场取走了 2 万元的物品。后经下属举报，该高管被公司开除，法院判决也支持公司的诉讼，解除双方劳动合同。

可见，公司的油，不是随便就能揩的。揩油的行为不仅影响自己的职业形象，甚至可能把自己抛出局外，乃至被送进监狱。

总的来说，揩公司的油会产生以下负面影响：

降低你的职业形象。在一家公司上班，呆的时间长了，又没有人时刻提醒，一些人就分不清界限了，把使用权和所有权混淆起来，顺其自然地使用公司的免费资源。公司的信封可以拿来装自己的票据，复印纸正好可以用来打印那篇网络小说，孩子还缺根圆珠笔……尽管这些小东西不值钱，但无论如何，揩公司的油能反映出一个人公私不分、缺乏专业素养等问题，其职业操守和道德品质也会受到怀疑。不要小看一张纸或一支笔，它所造成的伤害，会比你想象的严重得多。许多人在职场打拼多年却没有取得成功，就是败在自己不良的职业操守上。

降低老板对你的信任。很多企业的领导者往往会透过一些细小事物去观察和评判自己的下属。俗话说："小用看业绩，大用看品行。"品行端正的人，领导往往才会委以重任。揩公司油的人至少是一个没把公司利益放在最高处的人。公司的那点小东西、小钱虽然算不上什么，可如果总在规定的报酬之外想方设法占公司便宜，让公司为自己的私利买单，长此以往，老板自然觉得你"不堪重用"。

限制你的发展。一个贪小便宜的人，会被认为格局太小，也就是俗话说的："老母鸡只看到自己眼前那把米。"一个心中有沟壑、视野宽广的人，是绝不会把公司那点本来就不属于自己的小东西放在眼里的。在他看来，事业发展要重要得多。有惦记那点小东西的时间，还不如多考虑考虑公司的发展趋势，考虑自己怎么根据公司的需求提高自身的能力以升职加薪呢！

## 避免揩公司油要做到

勿以恶小而为之。

一个人职业品质的好坏，往往能从细小的地方表现出来，俗话说:“勿以恶小而为之，勿以善小而不为。”新中国成立前，我军正是以“三大纪律八项注意”、“不拿群众一针一线”的原则，用“小米加步枪”硬生生打败了国民党“洋枪加大炮”的精良装备。可见，原则性的事情没有小事情。

培养公私分明的意识。

要培养公私分明的观念和习惯，视公私混同为不良表现，自觉地区分公务与私事、公款与私钱、工作时间与业余时间、所有权与使用权等。贪是人之常念，经常有意识地提醒自己，什么是自己的，什么是公家的，才能避免“顺手牵羊”。

培养法律意识。

要培养一种意识，冒领或冒用公司的钱、物品，达到一定数额时会因触犯刑法而受到法律制裁。平时不妨多看看相关报道，可不要因小失大哦!

切记，公家不是一块可以任意揩油的肥肉，在职场中有便宜就不放过的朋友，一定会因此而错过更多的财富。

# 5 为啥不能吃里爬外

“吃里爬外”这个成语在字典里的解释是：“受着一方的好处，暗地里却为那一方尽力。”

放在职场中，所谓“吃里爬外”就是利用公司的资源去牟取自身不应该得到的利益，比如说吃回扣、信息“一女二嫁”以从中获利、干私活等。

毋庸置疑，吃里爬外的人当然会让领导者深恶痛绝，吃里爬外的事情也会让企业蒙受很大损失。但是，现在很多职场人士对这个问题却态度暧昧，认为没有那么危言耸听，认为自己不至于为此付出惨痛的代价。吃里爬外的短期利益是有目共睹的，拿到一沓钞票却不用自己付出很大的辛苦，也不用承担很严重的后果。现在生活压力那么大，单位对职员要求苛刻但薪水微薄，所以，和每月的捉襟见肘、入不敷出相比，和女朋友吵吵着不买房甭想结婚相比，和老婆整日叨叨谁谁谁又换了一辆什么样的新车相比，吃里爬外又算得了什么呢？

没错，迫于生活中各种各样的压力，我们会为自己经常或偶尔的吃里爬外找到很好的借口。这里咱们不评判这个行为的好坏对错，你既然要做这个事情，就会有你的道理。咱们今天只是聊聊，吃里爬外是否真的可以帮你获得你认为能得到的好处，是否可以蒙混过关，以及这样的行为会对你的心理造成什么样的影响。

## 自我认同感的降低

自我认同感是啥玩意？自我认同是指将自身内在的感觉、自我意识以及外部评价等加以综合，从而对“我是谁”这个问题给出自己的答案。它是一个人在与他人交往时，把信念和价值观融合到自己的人格中去，并对自我价值进行评价的过程。这种评价通常来自个人在日常生活中对自身的看法。

阚丽慧是某大期刊社的一位副主编。在短短的四年时间里，从一个整天追在老编辑身后套文章选题的实习小编发展到今天，阚丽慧付出了很多。每一个新来杂志社的实习编辑都很崇拜这位漂亮的副主编，当然这不是因为她的美丽和头衔，而是因为那篇有关房地产界内幕的报道。这篇文章的产生，不仅让阚丽慧从众多编辑中脱颖而出，更为她取得今天的成绩打下了坚实的基础。

可是，谁也不知道阚丽慧已服用抗抑郁的药物近两年。面对别人的赞美和崇拜的时候，也恰好是她最痛苦的时候。别人越是夸她，赞美她，阚丽慧就越觉得自己是个垃圾，是一个没有职业道德的人。对自己的不认同，让她几近崩溃，她甚至有过出家的念头。

原来，阚丽慧当年那篇非常著名的报道的当事人是由另外一家大期刊社的主编引荐的。不能不说阚丽慧在新闻领域有着自己独特的敏锐度，当她发现了当年那个新闻的某些端倪时，她就告诉自己一定要抓住这个机会。不过，另外那家期刊社的主编在为小阚提供这个资源的时候是有附加条件的。

对于对方会要某些附加条件这件事情，阚丽慧是做了一定的思想准备的，大不了就是和他谈谈感情，交往一段时间。思想比较开放的小阚并不认为这将会是很大的障碍。然而，在和那位主编共进晚餐的过程中，对方却提出了一个让小阚着实为难的交换条件。那就是，让阚丽慧将自己所在期刊各栏目的最新策划方案，以及与几个大广告商的合作机密透露给他。

这个条件是让小阚做吃里爬外的勾当，但是成功的诱惑是巨大的。阚丽慧已经受够了被老编辑挤兑、参访对象不配合的状态。几经挣扎之后，小阚凭借自己靓丽的外表和女性特有的一些魅力从公司内部得到了对方索要的信息内容，并和对方做了交换。阚丽慧成功了，但她所在的期刊社却因为对手得知了他们的一些核心机密而蒙受了很大的损失。并且，当年那个曾给予小阚很多指导的主编也因此被辞退了。伴随着阚丽慧的成功，从前那个善良无忧的小阚消失了。

故事到此，我想大家已经看明白了吧？阚丽慧用吃里爬外的行为换来了成功，却丧失了对自己的认同。职业和成功所带来的快乐并没有如她期待的那样出现。小阚认为自己的一切行为都是丑陋的，卑鄙的。

你觉得这样的一个交换值得吗？

从小，不论是老师还是家长都给我们灌输着真善美的理念，告诉我们为人要坦荡诚实。当自己的行为和一些根深蒂固的价值观发生了冲突，并引发了自己未预料到的严重后果时，我们通常会对自我产生很大的怀疑。而随着自我认同感的丧失，你就算再努力，得到的光环再多，都是白搭。因为，你自己知道这一切在背后是如何操作的。所以，你的成绩越大，对自己反而越失望，更严重的，还会引发对自己的厌恶情绪。

## 滴水与涌泉

葛民也在因为吃里爬外这点事儿后悔，虽然他并没有像阚丽慧那样引发严重的自我认同感丧失的问题，但他也没少吃苦头。

葛民和经理一起做了一个项目。经理对葛民这个聪明且有潜质的职场新锐非常信任、喜爱，打算把他培养成自己旗下的得力干将，因此这个项目的竞标部分是交由葛民负责的。一朝权在手的葛民感受到了作为甲方拥有话语权的快乐。这时候，某个竞标单位为了压低成本给了葛民一个厚厚的信封，当然，这个信封里装的不是计划书，而是人民币。年轻的葛民当时也没有经受住这么“严峻”的考验，一不留神就将另外一家企业的标底给说了出来。

这个单位最后竞标成功，项目也顺利地进行着。原本一次非常成功的吃里爬外行为就要完成，不曾想，乙方单位的领导因为在一个政府项目中使用了不正当竞争手段被公检机关审查，公司也停业整顿了。这件事情直接影响了葛民所在单位这个项目的进行。为此，经理整日愁眉不展。

一天，经理拉葛民喝闷酒时对葛民语重心长地说：“小葛啊，原本我是想好好地培养你，让你通过这个项目确立在公司的威信，能顺理成章地升职加薪，不曾想却出了这个事情。董事会给我的压力很大，要我对这个事情有一个交代。但我知道你也倾注了很多心血，所以，不要担心，这个事情我扛下来了，以后跟着我好好干吧。”

经理这段语重心长但好似弦外有音的话让葛民非常感动，

而也正是从那时开始，葛民真的为了报答经理的知遇之恩而一直在经理手下埋头苦干。别人不干的项目他上，别人不加的班他加，别人有怨言的工作他去做。为此，葛民的老婆曾经一度怀疑，葛民要不就是因为多干了这么多工作而存了不少小金库，要不就是和经理有啥不正当的男男关系。否则，葛民为经理这么拼命是为啥呢？

而葛民真是有苦说不出。他的确感觉自己非常疲惫，既觉得自己辜负了经理的信任和培养，想加倍报答经理的赏识，又因为担心给他信封的那个单位的人会将自己的这个信封也当问题交代出去而感到恐惧。曾经他也想过干脆辞职，但他觉得自己已经坑了经理一次，就这么撂挑子或许会让自己一生都有遗憾。另一方面，葛民现在的这个职位是会让很多同龄人羡慕嫉妒恨的一个美职，他无法说服自己另谋高就。

以大量的时间、劳动、情感为代价，来换取一点胆战心惊的利益，值不值呢？

葛民的故事并不罕见。《大宅门》里的白景琦在山东济南开了一家药铺，他手下有个比较受信任的老伙计因为家中困难急需用钱，偷偷将自家的熬药秘方透露给了竞争对手。后来白七爷查明真相，不仅没有开除他，还对他委以重任，让这个伙计从以前的领班直接升为驻外分号的经理。因为白七爷知道，当伙计对自己的企业有了负罪感的时候，付出的努力和忠诚度都会加倍。

这两件事情虽然发生在不同的体制下，不同的年代中，却反映了很多做过吃里爬外事情的人的一个普遍心理，就是会产生背叛带来的负罪感。人们对于负罪感是很难忽视的，中国自古有个规矩，就是欠债不过年。对于金钱我们尚且不愿意对别人有亏欠，更何况是在情感上。所以，做了吃里爬外的事情或许不会让你承担金钱、道义上的惩罚，但小心别让自己背负下良心债。

## 安全感给吃里爬外买单

“安全感”是当下非常时髦的一个词汇，想必大家也不用我再重复这个词的意思。当我们做了吃里爬外的事情的时候，就算侥幸不用承担任何现实后果，我们的安全感也会为这个行为买单。

有了吃里爬外的行为，你可能会因为害怕它成为别人要挟你的把柄而在相当长时间内忐忑不安。害怕出差错，害怕出意外，这就压抑了人性需要放松的本能，你不难受才怪。

如果你经常吃里爬外，就容易在做贼心虚的心理支配下，整日忙于察言观色、暗自揣摩，甚至风声鹤唳、草木皆兵。可能别人一句无心的话都能让你听出弦外音。当这种情绪累积到一定程度并使你不堪重负的时候，你会想到以辞职来逃避。不过就算你跳槽了，但如果还是在同一行业内，同一城市里，你依旧有可能每天都担心自己曾经吃里爬外的事情被揭发出来，那时候你在这个行业里恐怕要举步维艰。另外，一旦这种行为被揭露出来，你的家人、朋友会如何看待你？过着这种提心吊胆的日子，你还能快乐吗？

还有很多可能、很多意外是只有为吃里爬外行为买过单的人才会有的体验，为了蝇头小利而付出丧失安全感的代价是不值得的。安全感是我们幸福指数和快乐感受的重要来源，一旦丧失，我们用什么来支撑工作和生活？如何承受竞争中的各种压力？虽然安全感是无形的，却是一种非常重要的心理。如果使用不当，安全感就会入不敷出，那么最终你就会丧失自己的幸福和健康。

## 吃里爬外不是你手上的牌

如果你打算换一个很好的工作，却没有很强的竞争实力，你或许会用吃里爬外的行为作为自己跳槽的跳板；你或许还会因为自己将要被辞退而先下手为强，用吃里爬外的行为作为求职的和氏璧以及发泄自己对前任东家不满的一张王牌；你或许还会觉得自己薪酬太低，于是用吃里爬外作为要挟以求提薪。不论为了什么，当你把吃里爬外当成职场生存的一张牌的时候，你就离出局不远了。

只要你不是被用人单位派到另外一个单位的卧底，那你的一切吃里爬外的行为就会被别人看成背叛，对自己职业道德的背叛，对自己供职单位的背叛。我们小时候或许都看过很多战争电影，叛徒的下场是什么？不用我说，大家都知道。

当你在这个单位的时候，你是有价值的，因为你是竞争对手可以利用的对象，是能够获取一手信息的渠道。但当你离开这个单位的时候，你还是什么？用人单位都是非常谨慎的，都会对自己的核心机密和核心竞争信息十分保密。你要是领导，你会招一个随时有可能因为自己的利益而放弃企业利益的人吗？愿意干这种给自己埋雷的事儿的人还真不多。

信任，建立起来不容易，但破坏起来只用几秒钟就可以。没有了信任，一切合作都不会存在，这是很多小孩子都明白的道理，所以你千万别以为自己可以打吃里爬外这张牌。整天扛着一面写着“我可以做叛徒”的大旗，只能让用人单位离你远去。

千万别以为你吃里爬外的行为可以骗过老板，老大们不是白当的，在职场这片林子里待的时间长了，什么鸟儿都见得差不多了。

之所以不拆穿你，无外乎三点：

第一，为了让竞争对手以为自己并不知晓而放松警惕，给自己留下调整的时间；

第二，利用你吃里爬外造成的补偿心理，让你尽可能地为公司付出；

第三，你的个人价值要大于你用来吃里爬外的信息内容价值。不过，由于老板对你的信任不存在了，处理你也是早晚的事儿！

测试

# 你是否爱占便宜

在生活中，人们总是期望自己得到的多一些，失去的少一些。但有的时候，越是急功近利，越是会发生一些“捡了芝麻，丢了西瓜”的事。过度贪心有时会给自己造成不必要的麻烦。那么，你是爱占便宜的人吗？通过下面的测试来探索自己的内心深处吧！

首先记下自己的选项：

1. 今天领导分配给你和另一个同事每人两项工作，工作任务较重，要求今天务必完成，你会怎样处理？

A　如果同事先做完了，就央求同事帮自己完成一部分

B　做好自己的本职工作，如果下班前没做完，就加班赶制

C　抓紧时间保质保量地完成自己的工作，再问问同事是否需要帮忙

2. 你正在上班，好友请你帮忙打印一份私人资料，你选择怎样帮她？

A　利用公司资源（打印设备和复印纸）帮朋友完成

B　用自己平时在打印工作中积累的“单面废纸”帮朋友

完成

C　下班后，到附近的打印小店帮朋友完成

3. 如果你是第一次乘坐飞机去旅游，面对乘务小姐提供的各式免费的饮料，你会怎样?

A　多次请乘务员添加各种饮料，希望能够多尝几种

B　乘务员每次按顺序发放饮料的时候要求添加

C　只有需要的时候才叫乘务员添加饮料

4. 这次出差，公司为你安排了五星级酒店住宿，但你按照以往的住宿经验已自备洗漱用品，对于酒店提供的免费高档一次性洗漱用品，你会怎么处理?

A　用酒店提供的，并把多余的一份也攒起来带走

B　用酒店提供的

C　用自备物品

5. 今天的会议上，要求每位与会者都介绍一下自己的工作报告，你会怎样介绍自己的报告呢?

A　事无巨细地详细介绍

B　有条理地介绍流程

C　只介绍报告中的重点信息

6. 你选择配偶时，更倾向于选择哪种类型?

A　比自己年龄大的“父亲型”

B　与自己年龄相当的“朋友型”

C　比自己年龄略小的“兄弟型”

7. 在生活中，你认为下列哪种情况最符合自己与异性的相处模式？

A 他／她照顾我多一点

B 两个人相互扶持、照顾

C 我照顾他／她更多一些

8. 如果你有养宠物的打算，你会优先选择下列的哪种？

A 狗

B 不确定，遇到喜欢的就养

C 猫

9. 到菜市场买菜，你会首先购买哪种蔬菜？

A 大家扎堆抢购的菜

B 货比三家，按自己的需求购买

C 最新鲜的蔬菜，即便贵点也行

10. 你在超市买东西，一共消费 75 元，你给了收款员 100 元，应该找给你 25 元。但收款员因为疏忽大意，找了你一张 10 元的、一张 50 元的和一张 5 元的。此时你会怎样反应？

A 紧张地拿着钱和物品尽快离开超市

B 没有当场点钱的习惯，无论找多少先收起来，回家再点

C 提醒收款员找错钱了

11. 又到了“五一”商场促销的黄金时期，如果你有购买服装的计划，你打算买点什么呢？

A　买冬装

B　买自己需要的

C　买夏装

12. 朋友的婚礼在即，你打算包个多“大”的红包呢？

A　和当初朋友送自己的红包一样

B　依“行情”，随大流

C　尽己所能，多包一些

13. 今天你坐地铁特别不顺，被人踩了脚，人家还丝毫没有歉意，你会怎样？

A　找机会也“给”他一下

B　跟他说“你踩到我的脚了”，并要求道歉

C　能理解，人多，拥挤是难免的

14. 你小时候的家境怎样？

A　家中比较清贫

B　中等水平家庭

C　家中富裕殷实

以上各题，选择 A 得 3 分，选择 B 得 2 分，选择 C 得 1 分。将各题得分累计相加，即是你的总分了。

33分～42分：你的占便宜心理★★★，属于占便宜没够型。

此类型的人希望能够抓住每一次占便宜的机会，即便没有机会，创造机会也要捞点油水来赚赚。这种心理往往会给你的人际关系带来负面影响，因为没有人愿意总被别人揩油

的。建议你不要太计较个人的利弊得失，凡事也多从他人的角度出发考虑问题，不要让自己与朋友、同事乃至陌生人之间的隔阂越来越深。等到大家都对你避而远之的时候再想挽回，就为时已晚了。

20分～32分：你的占便宜心理★★，属于自我圈地型。

此类型的人获益心理与道德心理相当，有便宜时也会捡，但大多数时候属于只要管好自己的“一亩三分地”就万事大吉了。获益心理是大多数人都有的常态心理，运用适当，可以成为工作的“助推器”。建议你在完成自己手头工作的同时，也分一些精力来关心一下身边的人，只有互助，才能互利。有这样一句话：“晴天留‘人情’，雨天好‘借伞’。”

14分～19分：你的占便宜心理★，属于吃亏是福型。

此类型的人常把自己的利益放在最后考虑，即便被别人占了便宜，也会认为“吃亏是福”，是典型的阿Q心理。虽说这种与世无争的心理可以帮你在生活中避免很多麻烦，但久而久之，也会使身边的人误以为你性格懦弱，容易被一些人利用。建议你多一些自我保护意识,关系到自身合理的利益时，该出手时就出手。

# 第二章　老板，最大的贵人和杀手

当我们步入职场的时候，首先要弄明白我们与老板的关系和与父母、老师的关系有什么区别，以及我们应该如何与老板相处。

# 6 是否要和老板保持距离

距离，是很微妙的东西，既有物质形式上的，也有心理感受上的。最近的距离未必会产生最好的情感。和老板保持一个怎样的距离才能使自己既被关注、赏识，又不至于锋芒太露？答案是见仁见智的。但是，和老板保持下面这样几个距离是危险的。

## 最亲密的距离——恋人

如果你是女性，或者你身边有女性朋友，那么你是否自己萌发过或者听说过这样的观点：如果想让自己的职业有一个稳妥、巨大的上升空间，那就要和老板保持零距离接触？也就是说，如果老板单身，我们就竞争老板娘的职位；如果老板有家室，我们就力争成为他的红颜知己甚至亲密情人。

某文化机构中有位女性主持人，我们叫她小艾。小艾原本在一档谈话节目中有自己的一席之地，不过，就像“不想当将军的士兵”不是好士兵一样，小艾认为不想获“金话筒”奖的主持人也不是一位好主持人。但小艾觉得，凭借自己目前的这个节目来实现自己的梦想，恐怕还很遥远，所以，争取一档更有价值的节目作为自己的事业平台才是关键。为了能够在美女如云的影视公司突出自己,小艾心甘情愿地被“潜”了一把。小艾跟自己的闺蜜戏称这是“舍身取义”。

我不得不用自己的文学常识为这位小艾朋友解释一下“舍生取义”的含义。这个成语出自《孟子·告子上》,原文是这样的:“鱼,我所欲也;熊掌,亦我所欲也。二者不可得兼,舍鱼而取熊掌者也。生,亦我所欲也;义,亦我所欲也。二者不可得兼,舍生而取义者也。”

舍去生命获得大义,不是舍去身体获得利益!没想到,文学基础没打好会导致人生观发生偏差!

老板之所以能成为一个公司的首领,靠的是运筹帷幄、任人唯贤以及对业内风向标的准确把握。虽然作为男性,难免会有欲望占上风的时候,但这不代表他会永远用下半身思考。

小艾的命运可想而知。在得到一个二线娱乐性栏目的出镜机会后不久,小艾就和自己“金话筒”的梦想渐行渐远了。原因很简单,和老板过近的距离会让老板产生一种压迫感,这还没包括那些因为反不正当竞争法而给小艾下暗绊儿,不配合小艾工作的公司其他工作人员的影响。

你尽可以成为小艾式的人物,但你要思考,是否只有这一条途径能让我们在职场中所向披靡?或许除了情感投资外,竞争更需要的是业务能力。单边的孤注一掷,只会给自己贴上一个“不正当竞争”的标签。

换句话说,人才是无价之宝。当你给自己贴了标签,有了身体交换这个价位的时候,也恰恰是你丧失自我价值的开始。

## 最无间的距离——哥们儿

程志成就职于一家中型 IT 公司。他跟自己的部门经理虽然只有短短不到两年的合作时间，但是两个男人在工作中建立了非常深厚的革命友谊。在单位，两个人是上下级关系；在工作之外，两个人是交往甚密的好哥们儿。

最近，程志成突然感到这份友谊有些味道不纯。

以前遇到需要加班加点赶完的工作内容，如果人手不够或者技术支持不够，程志成都会以经理之急为急，主动请缨替经理分忧。这样的工作态度来源于两个人的友谊和默契。近半年来，公司高层偶尔来抽查，都会看到程志成加班奋战的状态，对此大加赞赏。有一次，经理和小程一起加班后去吃宵夜，偶然说起公司人员调整，经理有可能升职的事情。经理透露，公司大领导对小程感觉非常好。而且经理表示，自己一旦升职，会尽力帮小程争取经理的职位。

小程及时回应了经理，也表示出自己对他的积极支持，并信誓旦旦地对自己的经理哥们儿保证："你放心，我绝对不会把上次某个大客户投诉被压下来的事情说出去的。"小程还善意地提醒经理，在这样的关键时刻，要防止有人给他抹黑。

不曾想，程志成的一番好意却产生了完全相反的效果。从这次宵夜开始，他的经理哥们儿开始有意无意地疏远他。小程开始并没有在意，直到经理顺利升职后，经理的心腹顺利接班，小程才突然意识到，自己一直引以为傲的职场哥们儿离自己的距离原来那么远。

其实这也不能怪小程的那个经理，这还不能和过河拆桥同日而语。这就好比有一个人手中有你的不雅照片，你会希望他在你的生活中永远消失一样。当我们和领导的距离亲密到知晓对方隐私的阶段的时候，要不你对所有的隐私都视而不见，要不你就要学会缄默。整天拿着他的"不雅照"在他面前晃悠，搁谁都觉得这早晚是个雷。

还有一点需要职场中的朋友谨记，你和你的领导虽然不是同一级别，但由于你们的工作性质相同，也会造成一个竞争态势。就算你们关系再好，当你无意间让领导感觉到你的能力或许是个威胁，而且碰巧他的心胸没有海洋那么宽广的时候，那你就很有可能被踢出局。

所以，当我们期待和自己的领导有兄弟般的友情的时候，千万不要忽视了双方的位置和角色。领导不论大小都需要维护自己的权威性，别拿村长不当干部。另外，不要将自己的锋芒过分外露,要知道“功高盖主”这个成语是很有杀伤力的。

## 最安全的距离——保姆

恋人做不成，哥们儿做不成，领导身边最需要的还有“保姆”这个领导角色。

保姆式的职员在我们的工作环境中并不少见：领导一抬手，香烟或者香茶就及时奉上；领导一咳嗽就立刻拿出好几种润喉糖；将领导的办公室打扫得干干净净、一尘不染；将领导所需要的一切事物都尽可能地放在自己的大办公包中。

这个距离的确很安全，但如果我们只是单纯修炼保姆的外功而忽略了自己本职的内功，那你就有可能在目前这个职位上长久地安全下去。毕竟，职场不需要家庭式的保姆，要想获得好的发展，首先要让你的领导知道你有什么料。

另外，当你在领导面前保持着一个如影随形的保姆形象时，千万不要忽略了以下几种不需要你在场的情况：

自己数钱的时候。甭管你是刚拿回工资，还是趁老婆不在家翻看小金库，如果有一双羡慕且充满无限关注的眼睛停留在你身上时，你是否依旧能够感受到他（她）的善意？

洗澡、如厕的时候。即便是家里合作多年的保姆，私交再厚，你也不会赤裸裸地暴露在他（她）面前。除非你是一个生活尚未能自理的孩子，否则，有一些不雅、令人尴尬的事情还是自己独自面对比较妥当。当然，如果你和保姆有其他关系那就另当别论了。这类情况在单位中也比较常见，尤其是在厕所这种不完美的场合相遇时，尴尬怎么化解？我听过的最好版本是某位职员和领导一起下基层去视察，下午这位职员内急跑进厕所，刚巧看到自己的领导正在脸红脖子粗地和自己较劲。这位职员一拍脑门说，哎呀，没拿卫生纸，转身走出了厕所。

和家人争吵的时候。虽说家庭成员之间的磕磕绊绊是大家都会经历的事情，但是让保姆目睹自己和家人的争吵是很尴尬的事情。尤其是当你在争吵中处于劣势的时候，很容易丧失自己在保姆面前的尊严。当你的领导和他的领导或者其他和他平级的人发生争执的时候，你最好在最短的时间内消失。否则你的领导可能会因为维护自己的尊严而不能正确处理当下的争执，还可能因为你看到了他失态的样子而拿你撒气。

别忘记，伴君如伴虎。做得多，失误也多。

保姆还分三六九等。真正优秀的保姆不是那些只能够按部就班地完成工作的人，而是拥有善于对东家察言观色、有的放矢的智慧的人。只有这样的保姆才会在自己的职业生涯中拥有不一样的发展空间。

成为一个优秀的保姆要有一手过硬的家政打理能力，外加察言观色的能力。那么，如果在职场中要和领导保持保姆式的距离，也千万不要忘记你做这些事情的目的不是为领导服务，而是为自己创造更多得到领导关注的机会。

心理学界定现实生活中不同的人际交往距离：

1. 亲密距离（恋人／爱人） 0cm ~ 45cm

2. 个人距离（朋友）45cm ~ 1.2m

3. 社交距离（职场／商务） 1.2m ~ 3.6m

4. 公众距离（陌生人／公众场所）3.6m ~ 7.3m

不同的角色，不同的需要，会有不同的现实距离，如果超越了这个距离就会给人造成压力甚至使人产生受到威胁的感觉。针对自己的角色，把握好和领导的距离，或许不会让你的职业生涯遭遇尴尬。

不相信吗？试想一下，如果在某个空旷的环境中（如影院大厅、广场），有一个陌生人或者一个普通朋友突然较长时间地出现在你身边 10cm 以内，你有什么感觉？

当我们懂得了距离之后，如何才能和老板保持良性的交往？闷头傻干？阿谀奉承？溜须拍马？不卑不亢？

不同的关系处理方式，会让你有不一样的收获和体验。我不建议闷头傻干。事实证明，这是天桥卖艺当中的傻把式，虽然会有人欣赏和鼓励，但想要最大化地实现自己的职业梦想，道路可能会更加漫长。毕竟现在就工作本身来说，更多的是合作型。如果采用这样的方法,你的功劳会被淹没一部分。

阿谀奉承我也不提倡。如果过于谄媚，就会让人忽略你的个人价值，总觉得你是居心叵测。另外，你这样的行为会引发其他同事的反感，最终你还有可能被孤立。

溜须拍马，也就是我们俗话说的拍马屁，这个方式我觉得倒是可以斟酌使用，让它成为你和老板沟通的一个技术手段。要知道，赞美也是一种能力。拍马屁和阿谀奉承是完全不一样的。阿谀奉承是不论对方是否正确、是否积极健康都会无原则地给予赞美的行为，没有原则和底线。而拍马屁其实是根据事实结果给予的明显认同。拍马屁是一种技术，只不过要把握好度，稍微过度就会成为阿谀奉承。

不卑不亢地面对老板是我比较欣赏的一种关系处理方法。但是有一点请注意，不卑不亢一定要建立在实事求是的基础上，确立在对等级差距的正确认知上，并且要保持良好的道德和修养。老板每次上厕所都让你送卫生纸那是对你的不礼貌，我们应该不卑不亢地面对。但如果老板偶尔一次忘记带卫生纸让你帮忙送，那完全没有必要用“不卑不亢”的方式处理。我举的这个例子可能你觉得很搞，但它是真实发生过的。

在一次咨询的过程中，一个小伙子非常气愤地向我诉说，他的老板（男性）几乎每次上厕所都会在厕所给他打电话，让他送卫生纸过去，令他十分不解。说着，屈辱的泪花在他眼中闪烁。说实话，他的老板为什么这样我也不是很清楚，所以没办法给小伙子做出回答。但我相信，这个老板的行为肯定是大大伤害了这个年轻职员的自尊心。面对这样的老板我们是要不卑不亢去面对的。

生活很奇妙，有时候我们会经历戏剧般的巧合。就在这个咨询过后不久，我去卫生间时，刚好卫生纸没有了。我本能地想要叫我的助理，但就在我叫她的瞬间，我突然想起了那个小伙子屈辱的泪花。说实话，当时我着实纠结了一下，让不让我的助理帮我呢？呵呵，我承认，那时候我是有些移情（心理学术语，指咨询师和来访者的情感发生了紧密的联系和转移）现象出现的。当然，我最后还是麻烦了我的助理，因为我实在想不出其他解决方法。当我和助理说了我在叫她之前的心理过程后，她笑了，说：“燕谊姐，你想多了。你对我的尊重早就在我内心打下了坚实的基础，我怎么会感到屈辱呢？”

还好我的助理没有用不卑不亢的态度处理这个突发事件，否则我……（这部分纯属隐私，对于一个女性来说其实是很不雅的，但我觉得这个例子能够很好地诠释“不卑不亢”这个情绪在不同状态下的适用性，所以就自我牺牲一下啦！）

刚刚我说拍马屁是需要很高超的技术的，这一点我想详细说明一下。或许你认为这个行为是可耻的，那可能是我对拍马屁的理解和你有分歧，但我觉得这个方法在职场中的确是有积极意义的。我们来看看技术型拍马屁是怎么一回事。

## 7　技术型拍马屁

最近，唐林的公司里行政助理一职空缺，公司里许多人都认为她这个秘书是行政助理的最佳人选，她也觉得非自己莫属。可是，出乎意料，才到公司不到两个月的前台接待员占了这个位子。理论上一个秘书的机会是比前台大很多的，公司许多人也都一直看不起这位叫宋媛媛的前台，认为她完全是靠拍马屁才上去的。唐林不明白，在这种强调能力至上的外企，为什么也要靠拍马屁才能得到提升？一些同事说，只要唐林这个秘书稍微会拍点马屁，这个位子就会是她的。为什么拍者得道，有能力者却退居其后？

为什么拍马屁这个令大家不齿的行为能够自古到今屡试不爽？难道那些领导者们真的会因为几句甜言蜜语而放弃了自己的判断力和智慧吗？拍马屁到底是什么东西？

其实，大家可别小看这拍马屁，拍的地方和方式都是很关键的！它可绝对不仅仅是我们认为的做表面功夫那么简单。拍马屁是一种人际交往手段，这里面蕴含着很多人际交往的心理技巧！

## 因为需求，“马儿”驰骋千里

公司的老板孙太太最让人不敢恭维的是她的打扮方式。那天，她在披散开的卷发上别了一枚褐色的发夹，看上去就像旧上海的交际花，但是她自己压根儿没意识到这副打扮如何不得体。大家都忍着不发表议论，只有一个职员夸赞道:“人漂亮怎么打扮都好看。您的发质这么好，肤色又白，把头发盘起来肯定很有风韵。让我帮您换个发型吧，我在蒙妮坦学过两个月的美容美发呢！”孙太太听了，非常高兴地同意了。这一套言行既不生硬做作，也不肉麻得令人起鸡皮疙瘩。你看，这马屁拍得多高明！

可是，究竟什么是拍马屁呢?

“拍马屁”一词最初来自蒙古族。古代蒙古人凡是牵马与别人相遇，就要互相拍拍对方的马屁股，连声称道“好马好马”，以示赞赏和友好。但在那时，也常有些趋炎附势之徒，只要遇到王公贵族牵的马，便不分优劣，总要跑上去拍拍马屁股，不断赞叹：“好马，好马，大人真有福气！”

如此看来，拍马屁有两层含义：第一，是对某个对象的欣赏、赞美、示好；第二，是为了让自己获得某些地位特殊的人的欢心而做的一种情感投资。

人为什么需要对别人表示友好，甚至要做情感投资？也就是说，我们为什么要拍马屁呢?

生存的需要。求得生存是人的本能，人要生存，首先必须满足基本的生活需求，如衣、食、住、行等。要取得这些，就要有一定的谋生手段。而当自己不够自信，或者竞争的环境中存在着和自己实力相差无几的强劲对手时，拍马屁这样的行为就是我们除去展示自身的能力之外，不得不使用的一种情商。

环境的需要。社会环境影响着人的行为。在某些强调威权管理、单向式领导的组织中，就比较容易形成拍马屁文化。因为决策权都掌握在老板手中，凡事都由这个人来决定，部属自然就会出现一些屈权行为。现在某些人有着这样的无奈之语：社会上抬轿子的人多了，不抬轿子的人就可能被视为异类。有的人并非天生愿意拍马屁，只是有钱有势者多爱听奉承之言，喜欢拍马的人也是不得已而为之。

安全的需要。人在满足基本的生活需求后，就要着重考虑自身的安全，居安思危，保住自己的既得利益。对某些特定的人实施情感投资，可以有效减少甚至避免不安全状况的发生。

交往的需要。人们的生活和工作都不是孤立进行的，总会和一定的人和事发生联系。在这些联系中，适时、适当、适量地拍马屁，可以融洽感情，增进理解，和谐关系，减少对立，满足某些特定的人的自尊心。

发展的需要。人不能满足于现状，而要有所作为、有所成就、实现自己的理想和抱负，就离不开某些特定的人的帮助。不过，希望得到某些特定的人的欣赏恐怕不是那么容易，如果能投其所好，通过拍马行为加深这个人对你的印象，得其赏识，那么你成功的概率就会大幅度提高。

在职场中，上司是我们实现自我的一匹宝马良驹。有时他可以决定你是否能拥有这份工作，左右你的升迁，甚至影响你的情绪。身为一个白领，我们为什么不能在自己的能力之外，对职场的人际关系也做一些投资，让这匹良驹带着我们奔向事业的高峰呢？

## 如何驾驭这匹“马”

想挠痒痒的话，可以明白地告诉别人哪儿痒，可如果想让人拍马屁，就不能明白地告诉人拍哪儿了。如何拍，全看拍马屁者自己的领悟和感觉了。所以，拍人马屁的难度要比挠痒痒的难度大得多。

赞美是一种高尚的品德，但对待那些每日生活在赞美、崇拜下的特殊人物，我们要如何操作“赞美”这个人际交往的利器呢？如何才能将马屁拍得恰如其分呢？

## 拍马屁的要领

事实基础。好的马屁一定不能脱离实际。人家穿着三年前的衣服，你却跑过去说：“哇，你新买的衣服真漂亮！”不光旁人看不下去，连当事人都想扁你。

创意多多。马屁要拍得让听者心里一亮，既开心又觉得你这个人不落俗套，而且旁人也不好挑剔什么，因为你很聪明。

表情真挚。真诚地赞美别人，就算言不由衷，那也是善意的谎言。为别人带来快乐，也是一种奉献。

中性赞美。公认的好，大加赞扬自然没有问题。倘若不能确定或感觉有争议，而你又必须发表意见，可以使用一些中性的赞美词，比如，适合你，有气质，性价比高，等等。

正话反说。人都有缺点。马屁拍到一定境界就要掌握正话反说的技巧，这个技巧要的是准确，反应快，有幽默感，让被拍者回味无穷，甚至认为你是最了解他的人。

## 拍马屁的忌讳

不要拍得过火，那样会让人恶心。

如果你只是个小职员，请不要直接赞美总裁是个天才。你和你的拍马屁对象之间地位越悬殊，你拍的马屁就要越含蓄。

虽然使用何种拍法是自己的事，但请你务必注意：拍上司马屁的时候别去伤害他人，因为群众基础也是影响你升降职的重要因素。

可以以实际行动拍马屁，但别被定义为“保姆型”，因为保姆型的人只适合做下属，这不利于你实现升职大计。

对领导的错误决策不能乱拍马屁。委婉地提出自己的见解，哪怕是只立不破。清朝的良臣遇到这种情况时通常会在折子上写“皇上圣明。臣以为……”也就是前一句拍着皇上的马屁，后一句却在阐明自己的不同意见。注意，他拍的是人的马屁，而不是这个决定的马屁。

## 不给自己留“马屁精”之名

小敏刚工作不久，还是个职场新人，她在如何处理办公室人际关系时碰到了难题。她自己知道，也许是因为性格比较柔和，也没什么棱角，再加上刚进公司不久，难免对领导有点唯唯诺诺。于是公司有一些人对她颇有微词，说她人虽小却是个十足的“马屁精”。其实小敏特别想跟每个人都搞好关系，可刚走进职场却落下这么个“美名”，让她着实苦闷。其实小敏的苦恼也是很正常的，做事先做人，人都做不好，做事当然全无头绪。

话又说回来，人们通常讨厌的就是一些人在大庭广众之下给上司献殷勤。马屁拍得含蓄点,也许就没有人说三道四了。所以当听见人家说你是“马屁精”的时候,你就一定要警惕了,这说明你忽略了与同事建立融洽的关系,这对你的工作也是极为不利的,所以马屁精还要八面玲珑。

拍马有道。谨守一般的社交礼仪即可,不必处处引起上司的注意。可以在上司生日时给予祝福,在上司心情不好时给予关心,但要避免在公开场合过分地卑躬屈膝或过于露骨地体贴、附和上司。

不可恃宠而骄。有时候因为某些兴趣与理念相同,某个下属与上司会特别投缘。这时候,下属千万不可恃宠而骄,借着上司对自己的看重而在企业里创造某种个人特权。上下级投缘是十分有利于工作的,因此更应该小心对待,别因上司的倚重而忽略了与同事的关系。这样才不会被患红眼病的同事传出拍马屁的流言。

雨露均沾。如果你与上司关系不错,当他交付你较好的任务时,你可以适时向上司暗示,为求团队和谐,建议将该任务交给团队共同执行,让其他同事也有表现的机会。而在执行任务的过程中,你也应该主动协助同事,并分享自己的专业知识与技术。相信大部分上司都能理解你,从而根据你的建议做出调整,并对你的大度表示尊重。

拍马屁的最高境界是拍得浑然天成,恰到好处,让人发觉不了你是在拍马屁。口才厉害的人拍马屁的功夫自然了得,拍马屁厉害的人无论是在人际交往中还是在职场里都会如鱼得水,八面玲珑。下面,让我们来一起看一下当代“伯乐”们是如何驭“马”千里的。

## 行动比语言更有力

溢美之词确实有一种让人难以抗拒的魔力，但是行动远比语言有力，用实际行动表达你对别人的关心，是最有效的拍马屁方法。

于敏四十岁，是公司里年龄最大的经理。年轻的下属们都觉得她古板、刻薄，于敏却认为他们好高骛远，没有踏实肯干的精神。但是她很喜欢张晓。说张晓是超级“马屁精”绝不过分。先说她那张小嘴，吧吧的，炒豆子般蹦出的全是吉言。不久前，于敏在郊区买了一所小别墅，张晓啧啧称赞：“还是于经理您行，都买上别墅了！现在竞争这么激烈，我们都不敢贷款，还是您有魄力。什么时候装修说一声，也许能帮您点忙呢！”几句话既赞扬了上司的生活品质，又说出了对上司魄力的敬佩，同时还表示了自己的忠心。再说说张晓的行动，都是实实在在的，让人感觉到掏心掏肝般的真诚。仅仅过了两天，张晓就抱着几本印刷精致的杂志走进了经理的办公室：“于经理，我给您找了几本有关装修的书，您参考参考。”这样有眼力的下属，领导能不喜欢吗？

这是以生活事件作为切入点的拍马屁示范，让我们再看看从工作事件入手的“马屁”！

程远的经理在某业内杂志上发表了一篇论文，并且获了奖。领导、同事对经理都是大加赞赏，程远当然也不例外。然而程远不仅进行了语言上的赞美，他还从经理的论文中摘抄了一些对工作有帮助的文字，并且结合现实工作内容做了一篇发言稿，在部门例会上当众宣读。经理对程远能够真正读“懂”自己的文章，并且在工作中融会贯通的行为感到甚是高兴。

这马屁拍得是不是很真诚，也很高明？其实，部属若想肯定上司、表示佩服，又不想被领导认为只是单纯地拍马屁，必须注意这样几个关键因素：上司的表现，必须是有目共睹的；夸赞时别只说“您太棒了”，而应说出为什么佩服上司，表达自己的收获与体会。用你的真诚去表达你的观点，用你的行动去证实你的认同，这才是真心的赞美。拍马屁可不是单纯的嘴上功夫！

## 用真诚的心去拍马屁

都说在竞争激烈的职场要学会展现自己，可关琳既不善言辞，又没拉帮结派争选票，却坐上了办公室主任这把交椅，让不少人眼红得要命。其实个中奥妙很简单，关琳通过仔细观察，发现自己的上司——行政总监张涛有个癖好，就是特别关注他的那双手。每次洗完手，张涛肯定要抹润肤霜。但是，张涛又是个粗心的人，常常忘了买，于是他经常擦女士们的油，此举招来不少女士的讥笑。而关琳呢，不言不语地在桌上显眼的位置摆了一支大号的护手霜，张涛每次从外边进来，都会很顺手地拿起她桌上的那管油，久而久之，就成了习惯。其实，关琳很少用护手霜，但她却能保证桌上的护手霜不断。

关琳在做什么？貌似拍马屁，但其实她是在借用一个道具，将经理的注意力不断吸引到自己的身上，让自己总是在领导的视野中存在。每次领导在自己桌子前擦护手霜的时候，难免看见关琳正在忙碌的工作内容，难免和她交流一两句公司的事情。那么，一个一个的“难免”加起来，关琳在老板心中的位置恐怕也会“难免”要优于其他职员。

## 拍出自己的特色

着色太多，就难免有粉饰的嫌疑。赞美是拍马屁技术中很重要的一环，有时候轻描淡写、不露痕迹的几句赞美之辞，远胜过请吃饭、送礼。

角力不如角心，识时务者常常选择角心的方式。赞人所未赞，而又绝非凭空捏造，方才显出眼光独到，与众不同。因为你所做的，其实是帮助他人发现自身更多的优点，从而帮他树立自信,同时也为自己赢得印象分。有些人睿智而不张扬，深谙为人之道，几乎和身边所有的人都能成为朋友，尽管并不刻意做出什么举动，但他一个肯定的微笑，或者一声温柔的鼓励，都能令你激动不已。这种人是千年等一回的马屁精，已经没有任何拍马屁技巧可言了。依靠人格魅力征服他人，这才是拍马屁的最高境界!

安雯是广告公司策划部主力之一，收入颇丰，人又生得苗条纤瘦，大家都叫她“白骨精”。有一次，老板要亲自为一个重要客户赶出一个策划，当他的文案被拿出来在讨论会上讨论时，全场马上沸腾了。

“老板真是技高一筹啊！佩服啊！”“只怕我今生都难以望其项背哦！”老板的设计可能的确精妙，但这些过于华丽的夸辞却俗不可耐，而且显得十分做作。细心的安雯看到老板在得意的同时，嘴角分明挂着不屑的轻蔑。她想：“如果我现在还用那老掉牙的一套专业马屁用语来赞美老板，说不定会被老板看不起。”于是她灵机一动，只是用佩服的、惊讶的眼神望着老板，眼神含情脉脉，然后嘴巴作“O”形，仿佛自己有许多真诚的赞美话要说似的。后来的几次皆是如此。

果不其然，老谋深算的老板也终于上当了。过年在宾馆吃公司团年饭的时候，安雯被安排和老板一个桌。微醉的老板拍着安雯的香肩对她说：“小安啊，好好干，我知道只有你是真的最佩服我了……”

拍马屁到底是什么？趋炎附势地拍马屁不是在职场顺利前行的推动力，漫无目的地拍马屁也不是帮助你升职的直升机。敏锐地发现领导身上的优秀特质，真诚地欣赏它们，并将这些闪光点吸收、运用，这才是高明的拍马屁手法！在相同的竞争条件下，用一些貌似不经意的行为，为自己获得更多的领导关注，这才是最聪明的办法！

任何一种行为，当我们将它研究、实践到极致的时候，或许都能够称之为艺术，拍马屁也是如此。

职场是很现实的，我们进行自我整合，学习各种职场技巧，其实都是因为它们能够让我们获得很好的收益，而且归根结底是金钱的收益。有了钱我们就能够做很多自己希望做的事情。但如何才能升职加薪呢？这是很多职场朋友的困惑。加薪的过程是很折磨人的，一旦处理不得当，就有可能进入雷区。

# 8　加薪，科幻小说的现实版

入职一年半的王月晨最近跟自己较上了劲！春节放假前，老板在年终总结会上对部分员工给予了很大的肯定，其中就包括王月晨。老板不仅肯定了他们的成绩，还意味深长地说，公司是唯才是用，不会让人才流失，更不会让大家失望。

于是，月晨兴奋地认为自己会加薪。但是假期结束后，月晨预想的加薪并没有如期而至。是加薪这件事情还在办理的过程中，还是自己不在这次加薪职员考虑范围内，抑或是老板害怕春节后出现员工大规模跳槽而虚晃一枪？

思量着自己一年半的努力和日渐增加的物价压力，月晨想，该不该去和老板谈谈加薪这个敏感的话题呢？

## 成功加薪不是靠“说”实现的

如果你的薪水要靠自己去和老板“说”才能得到，那我只有两个字相送——失败！即便不是你自己工作能力的失败，也是你选择的单位和老板的失败。

加薪这个事情如果放在比较大型的公司，或者制度规范的中小型公司里，根本用不着你去说。这样的公司都会有自己的加薪制度，常态的加薪是伴随着升职的过程完成的。

只要你干得不错，得到了领导的认可和赏识，升职加薪是自然而然的事情。

如果在这种有加薪制度的单位你贸然提出加薪的请求，只会让别人觉得你就是一个没有在大公司历练过的菜鸟。如果你觉得公司的加薪制度并不能满足你对薪金的期待，建议你先了解一下公司以往是否有过破格加薪的事件发生，要知道第一个吃螃蟹的人也是最容易受伤的人。

在较小的公司或者薪金制度相对宽松的中型公司中，加薪这个事情或许没有那么严格的晋级制度，但这更为你开口提加薪的事情增添了风险。千万不要天真地认为公司管理制度方面的漏洞是留给你钻空子的，这些小漏洞大部分都是老板、领导挖来埋人的。如果你贸然钻空子，或许就会跌落在早就等候在那里的陷阱中。

加薪不是说出来的，而是做出来的。

## 加薪的基础

想要加薪，最根本的不是考虑怎么说和说什么，而是在你提出这个要求之前，先审视一下自己是否有开口说加薪的资本。

当然，你会说自己为公司做了多么大的贡献，为工作任劳任怨等，但如果只是凭借这些，你是没有加薪的可能的。现在的社会人才辈出，竞争激烈，大部分职员在自己的工作中都还是能够做到尽心尽力、兢兢业业的。如果连这个都能作为给员工加薪的标准，估计又会多一些卷包跑路的老板。

能让企业领导心甘情愿为其加薪的人，正是那些老板最害怕失去的人。

害怕失去不是因为你掌握了领导者的什么隐私，老板之所以成为老板，是有很多原因的，如果你用隐私作为要求加薪的筹码，只怕离出局就不远了。

害怕失去也不是因为领导对你有工作之外的其他情感，即使有，这种情感只会成为你被辞退的导火索。与其想利用这种感情去加薪，不如给自己买个把保值的“驴（LV）包”更来得实际。

领导者害怕失去的，只可能是在这个职位上基本无法替代的、价值最大的职员，当具备这些素质的员工出现在老板的视野中以后，他的加薪是指日可待的。

亚楠在一家医药公司销售部工作，她从入职做到销售经理仅仅用了两年的时间。在这两年中，亚楠的薪水不断翻新，除了效益提成外，底薪的数额也在一年半的时间内连升三级。这其中的原因很简单，亚楠成功地开发了四家三甲级医院，并签下了数额不菲的长期业务订单。

只有当你在自己的行业内做到技术创新、业务创新，并能不断为企业拓宽价值渠道、创造新的价值时，老板才会想方设法留住你。

如果你不是技术人员或业务工作者而仅仅是老板的一个行政人员也没有关系，熟悉老板的工作习惯、脾气秉性，不论他需要的是重要文件还是一个手机备用电池，甚至是他偶然咳嗽时需要的喉宝，只要你能够及时提供他需要的东西，那么你就是领导眼中不可或缺的优秀助理。

虽说真正的加薪是日积月累地做出来的，但更多的职员会对提出加薪而获得成功存有侥幸心理。加薪要求遭拒后，他们会觉得自己不是败在资本上，而是败在说话技巧上。

## 不论你说得多么有技巧，老板也会反感

认为自己的加薪之旅没有那么一帆风顺只是因为自己沟通的技巧出了问题，那不仅是大错特错，而简直就是愚蠢。要是真有人这么看待自己的加薪问题，那么他幸运加薪的唯一原因就是老板的脑袋让其他哺乳动物给踢了。

劳资双方在创造价值方面是统一的，但是在分配价值方面是永远对立的。因为每个人都愿意自己的价值利益最大化，都不会嫌弃自己兜里的钱太多。老板和员工就是买卖双方，只是这个产品是无形的劳动力价值，但只要是买卖就会有两个不同的视角和价值期待。通俗点说，员工不论是一个月三千、五千还是一万都是自己付出劳动后应得的回报，而老板更希望花三千买五千的劳动付出，花五千买八千的劳动付出。

人们通常都期待自己用五十元的地摊价格买到价值五十万的珍品，正是这种物美价廉的捡漏心理才让潘家园古玩市场经久不衰。人才价值很少会在长期内保持现实价值和真实价值有很大差距的状况，毕竟现在的社会是非常珍惜人才的。但老板们还是希望自己能用最经济的方式买到最有价值的劳动力。

所以，当你明白了老板有这样的价值交换心理的时候，你还会觉得说的技巧是你能否成功加薪的关键因素吗？如果你依旧认为是，那你加不了薪只能说你活该！

## 不得不说时候的忌讳

当然，不是所有的老板都唯才是用，都那么智慧，也不是说真的就没有被遗忘的、值得加薪的角落。

如果你真的觉得自己非常优秀，完全具备要求加薪的资本，那开口时还是有很多禁忌的。

程萧在自己所在的汽修厂内是一名非常优秀的汽修技工。他来单位的工作时间已经不短了，不论是单位内部的同事还是客户，对程萧的修车技术都是赞赏有加，老板对程萧也比较器重。程萧认为自己是应该提薪的，但实际上他的薪水却依旧和去年同期保持一致。程萧对这个现状很不满，曾经私下向关系不错的同事透露过，如果单位还不给加薪就考虑跳槽。不过程萧是一个比较内向的人，他并不喜欢自己的工作环境总是变动，于是他还是考虑和领导讨论一下自己的加薪问题。但胆怯的程萧并不敢单独行动，而是联合了几个对他们自己的薪水也颇有微词的同事，在某天快下班的时候一同敲开了老板办公室的门。

老板刚刚结束了一个以失败告终的竞标会议，他面对眼前的这群人，在听完以程萧为首的职员的来意后迅速做出了决定：程萧被告知去财务部结账走人。同事们议论纷纷。不过没过多久，一同前往的这群人中有的被升职，有的被续签合同，有的给上了保险，这场员工和老板间的加薪风波也就此结束。

为何抱有同一目的的这群职员会有如此不同的结果呢？此事中程萧触犯了开口说加薪的大忌。当确定自己的一切准备都非常充分而万不得已开口说加薪的时候，这些禁忌会直接成为你的加薪申请是否能顺利通过的因素：

拉帮结伙。薪金在单位中原本就是一个相对隐私的话题，就算你觉得自己有实力能够让老板加薪，也不能联合一群人一同面对老板，你这样做是想让老板知道你人缘好，还是想让老板感到人单力薄？一个壮胆的行为，却会让老板感觉自己成为众了矢之的，不炒掉你杀杀威风，老板的威严何在?

不加薪就走人的心理准备。当你向同事透露了不加薪就走人的信息时，你就应该知道这个信息有可能会传到老板的耳中。如果真是如此，即便你技术再好也只有走人的份了，因为老板的尊严是不能被挑战的。即便没有人将这个信息提前传递给老板，那么当你抱着破釜沉舟的心态去面对加薪谈判的时候，老板也能清晰地感觉到这股“不成功，便成仁”的杀气。如果老板这次屈服了，那么别的同事是否会效仿，未来你是否会故伎重演，这些都是老板要考虑的因素。

时机的选择。连孩子都知道想让父母给买个玩具要找父母开心的时候，你要去谈加薪为什么不先考察一下老板那个时候的情绪状态?竞标失败不仅意味着损失了生意，更会让老板的自我价值感受到挫败。此时老板没事还有可能找事发泄，你还英勇献身送货上门?

时间的选择。经历了一天的工作，在工作即将结束的时候也是我们将自己的职业状态放下的时候了，通常人们在这个时间段会无意识地让自己在心理上从职业角色转向生活角色。女孩子会想一会和男友去哪里浪漫，男人会想老婆在家给自己做了什么好吃的，等等。当这种心理准备被突发事件打断的时候，也很容易引起人们的愤怒情绪。这也是人们会在被突然告知要加班时产生剧烈情绪变化的原因之一。

## 加薪指南

1. 考察自己的能力和现状是否的确出现了调整空间；

2. 细致地了解老板近几日的情绪变化；

3. 了解是否有给公司带来负面影响的大事件发生；

4. 选择一天中工作状态最放松的上午十点半到十一点这个区间，并确保老板这个时间段没有急需处理的工作；

5. 单独一人面对老板，不借助第三方，更不拉帮结伙一同前往；

6. 提前准备好加薪“演说”，并做到能够自信熟练地说出；

7. “演说”注意事项：在“演说”开始时，要表达自己对公司的忠诚以及对自己职位的热爱和责任感，并向老板陈述自己在加薪后能够在这个职位上创造什么新的成绩；

8. 在自己的心理上为加薪留下弹性空间，比如可以接受升职、福利补贴、进修等形式的补偿。

加薪不是说出来的，而是做出来的，希望你能够真正理解这个观点。如果需要靠“说”才能够加薪，那这样的情况不仅尴尬还有较大的风险。预祝那些准备开口说加薪的朋友加薪顺利！

在职场中，我们为了能够和老板保持良好的合作关系，为了能够顺利升职加薪，往往就会做一些自我牺牲。我们牺牲的是自己的个人利益和业余时间。在这些牺牲当中，有一些是我们情愿的，但大部分是我们心不甘情不愿的付出。那就又有一个问题出现了，就是如何对老板的一些请求说“不”。说“不”并不是一件容易的事情，从小我们就不是很善于和家长、老师说“不”，当我们成年后，面对老板这个特殊的人物，“不”恐怕就更加难以出口。敢不敢说，怎么说，都是让我们纠结的问题。

# 9　对老板说“不”

几年前，某外企总裁因琐事与其私人秘书瑞贝卡产生纠纷，总裁通过内部电子邮件系统给瑞贝卡发了一封措辞严厉且语气生硬的“谴责信”，同时传给了公司几位高管。两天后，瑞贝卡回复了一封同样措辞犀利的邮件，还将回信传给了公司在四个地区的分公司。不久，这封火爆邮件被转发至全国数千外企，瑞贝卡由此在网络上赢得了“史上最牛女秘书”的称号。

为什么瑞贝卡的邮件能被如此快速地传播并得到广泛认同？不少白领说，这是因为瑞贝卡说出了他们积压在心底很久、想说而不敢说的怨言。也许，每个白领心中都有一个“瑞贝卡”，但面对老板、上司的谴责时，你心底的“瑞贝卡”会爆发吗？

## 你有权利说“不”

老板叫你干一件事，即使这件事不该你做，或超过了你的负荷，但慑于老板的压力，你往往也不会拒绝，而是会马上应承下来并尽量完成。作为下属，说“不”也许很难，但是有求必应未必对你有好处，因为这样会……

提高上司对你的期望。既然你总表现得什么工作都能接受，久而久之，上司自然会认为你十项全能，无形中提高对你的期望值。一旦你因种种原因无法完成其要求时，你在其心目中的印象就会大打折扣,反而不如一直表现平平之人。毕竟，人们的要求永无止境。

给人留下没有原则的印象。合理的要求固然应该尽量满足，可是人们的要求往往是合理的、悖理的并存。如果对与工作无关、不合理或是自己无法胜任的要求你也不好意思说“不”,只会带给自己更大的困扰和沟通上的困难。更严重的是，老板会给你贴上“好好先生／小姐”的标签，你的专业形象便不能良好地树立起来，有什么福利也不会想到你。

对工作不利。职场新人总容易认为，我是为老板工作的，所以总是想老板会怎样想。其实，你做事情不是为你的老板，而是为你的公司；你要负责的对象不是老板，而是你的工作。这也使你拥有了权利。你应该相信，在你自己的领域里，你比老板懂得多，毕竟，老板也不是万能的。如果你不管三七二十一，盲目答应下自己力不能及的要求，对工作可没什么好处，而且从长远来看，也并不符合公司的利益。

影响身心健康。一些人对上司的管理风格和为人处事不满已久，积怨颇深，但是长期缺乏发泄渠道。特别是那些性格内向、凡事忍气吞声的人，其个性和处世方式往往会纵容上司的坏脾气，结果就会使自己产生抑郁或焦虑，大大影响身心健康。不少专家在心理咨询中发现，这种因为上下级关系处理不好而导致心理问题的病人颇为常见。

专家建议：上下级之间，并不是绝对的“命令—服从”的不平等关系。当员工跟老板的意见产生分歧，或者员工认为遭遇了不公平待遇的时候，可以适当地通过说“不”来表达自己的主张或是不满，让上司了解自己的境况，使双方在工作中保持沟通，避免让矛盾积累起来。毕竟，老板虽然都很苛刻，但并不都是恶魔，大胆提出自己的意见，老板还是会适当考虑的。只是，你在言辞上要注意分寸，不要一味指责，而是要说明情况，探讨原因，这样才有利于上下级之间的了解与配合。

## 必须说“不”的情况

很多时候，上司的要求未必像你想象的那么不可接受，尤其是跟工作有关的要求。但有的时候，无论后果是什么，说“不”可能都是最好的选择，例如：

当上司要求你做违法的事或违背良心的事时

上司有意把公司的机密文件卖给别家公司，偏偏绕不过你，于是你便成为他游说的对象。这时，你不妨平静而坚定地告诉他：“你可以解雇我，但是我不能泄漏这些资料。”对公司和一个行业来说，任何时候，忠诚都是最被看重的品质。假若你不能坚持自身的价值观和准则，那只会授人以柄，迷失自己，最终还会影响工作业绩甚至断送前途。不妨对上司说以利害，如果够幸运，上司会自知理亏并知难而退的。

当上司向你提出降低你人格尊严的要求时

对女职员来说，最典型的情况莫过于老板向你提出性要求（当然，男职员也可能遇到这种困境）。性骚扰已经不再只是一个老板人品差或者员工穿着性感的问题，而是一个不安全的、敌意的工作环境的问题。处于这样的工作环境中，员工整日提心吊胆，工作效率自然会大大降低。更严重的是，你感觉不到作为人的尊严了。不要以为答应上司的无礼要求会让自己的工作一帆风顺，事实上，这样只会“树立”你好欺负、没能力的形象。

## 说“不”的艺术

说“不”是需要技巧的，否则容易一拍两散，给上司留下坏印象，给自己留下后患。怎样才能有效地说“不”呢?下面的案例也许能给你提供一些线索。

老板提出周末组织员工去放松，可他指定的地点又是那个大家去过 N 次的度假村，再去，员工肯定会有怨言，无法达到放松的效果。人力资源部的经理小林很清楚这一点，可是，他又没法跟老板直说。在开会宣布度假决定的时候，他满口赞成老板的建议，并把“指示”记在了本子上。会后，他找了个机会，向老板说明了情况，并向他推荐了一个更好的去处。后来，老板果然改变了自己的决定。如此，小林既在大会上保全了老板的面子，又履行了自己的职责。

可见……

不要直接说“不”。有时先肯定、再否定、后安抚的“迂回策略”更有效。不妨先向老板表示同情或赞美，然后再提出理由，加以拒绝。由于先前对方在心理上已因为你的同情而拉近了与你的距离，所以对于你的拒绝也较能以“可以体会”的态度接受。直接说“不”，会让老板觉得你不懂事，让领导没面子，在心理上就把你给否决了。

注意：方式可以迂回，态度却要明确。有些人在拒绝对方时，会因感到不好意思而不敢据实言明，容易产生许多不必要的误会。如果你语意暧昧，完全可能被认为是表示同意；如果你没有做到，反而会被埋怨没有信守承诺。所以，明确地说出“不”字，是相当重要却又不太容易的课题。

要给出解决方案。如果仅仅是告诉老板“这么办不对”，相当于给老板出了个难题，又没有解决方案，老板当然不高兴了。所以，最重要的是给老板提出解决方案或是替代方案。事实上，如果你经过深思熟虑和充分准备，向老板提供正确的数据和充足的信息，帮助老板决策，老板会欣然答应的。因为建设性意见通常是最受欢迎、最易被人接受的。

考虑企业文化和老板的风格。如果企业文化是比较民主的，老板重视下属的意见，那么当面提应该问题不大；如果企业文化相对比较“一言堂”，就需要在引起老板的重视、达成共鸣的基础上“推销”自己的方案。

只要处理得当，向老板提出反对意见也是一次亮出自我、获得老板赞赏、赢得信任的机会！

## 说“不”的前提

领导给你安排新任务的时候，你在说“不”之前要问自己几个问题：

我手头是不是已经有好几个重要的活了？

能不能把其中一些工作搁置或是交给别人以挪出手干新工作？

干这个新活会不会影响干原先的活？

我是否确实缺少干新工作的技能？

还有别人能胜任这项工作吗？

如果回答都是“是”，你就有足够的理由拒绝老板了。

拿不出手的说“不”的理由：

工作太难做；

不是我工作的一部分；

我在计划自己的假期，没空干别的。

几个可以接受的理由：

即使我起早贪黑地干，也干不完这个工作；

如果我接受这个任务，我手头的其他工作会受影响；

我缺乏完成这项任务的技能，短时间内又掌握不了这些技能。

## 说“不”的几个原则

以尊敬的态度说“不”

瑞贝卡说了“不”，固然勇敢，但是也有不少白领认为，她把回信大面积群发的做法不免极端了些，也不够专业。作为下属，她完全可以私下交流解释，表达自己的意见，并且给上司一个下台阶的机会。如此，才能达到双赢的效果。可她鱼死网破的做法，把老板和自己都逼到了绝路，老板固然面上无光，她自己也面临职业危机。

如何表现尊敬？

声音要放低，语速要放慢。跟老板大声说话，不仅不够尊重，还显得自己过于情绪化，对人不对事。

要用“心”说“不”。只要有心，你的“不”也能得到理解。

模拟同理心。多站在对方的立场上考虑，比如，老板为什么给你提这样的要求？其背后的真实目的是什么？如此，才能找到共同的需求和目标。

要有关怀之心。不仅要关怀自己的感受和前途，更要在说“不”的同时体现出你对老板的关怀和对公司利益的关怀。

一个只爱自己不爱公司的人，老板也找不到理由去爱他／她。

以客观的态度说“不”

某中层管理人员，没日没夜地干了好几年，可老板给他的加薪幅度非常小，这大大降低了他的自信心和工作积极性。于是，他终于决定无论如何也要说“不”了。不过，在说“不”之前，他先把所有的资料搜集齐全了，包括公司的加薪制度、自己历年的工作业绩以及同级别同事的加薪情况。他列了一张详细的表单，力证自己的加薪百分比是最小的，然后告诉老板说不干了。结果，老板不仅给他加了 50% 的薪水，还给了他股票份额。

可见，说“不”时最好给老板提供一个客观的东西，比如数据。这样，上司可能欣赏你的实事求是，认为你既对完成计划有实际的考虑，又对工作有一种积极的态度。实际上，对大多数上司来说，那些可以准确估计工作量和完成工作所需时间的员工会被看成是更有价值的。如果你的理由是时间不够，最好给上司准备一张你手头工作的清单，让他帮你把部分工作分配给其他人。

客观也意味着对自己的能力要有足够客观的认识。如果你的技术不足以完成新工作，向老板承认吧，不懂装懂最糟糕。同时要问问领导，以后的工作是不是需要这种技能，如果需要，告诉他你以后会努力学习的。

## 说“不”高级班

如果实在无法直接说“不”，还可以……

使用拖延战术。领导经常跟下属说“这个问题我们再研究研究”。有经验的人就会知道对方是不太愿意答应的。其实，作为下属，同样能够以其人之道，还治其人之身。很多时候，老板的决策也是一时兴起，未必能进入正式的工作程序，你不妨多长几个心眼，研究一下他的决定到底有多严肃。也许，时过境迁，他就忘了这事儿了，你又何必自寻烦恼呢?

尽量争取更多的支持。向上司坦言，为了顺利完成交派的任务，自己希望得到哪些时间、人力和其他资源上的配合。如果老板不能给你提供所需要的东西，即便将来完成不了上司交派的任务，至少他也能明白，不完全是你的错。

建立同盟。有时候，改变上司的决定并不是你有充足的证据就能够做到的，还需要从侧面影响他。这个时候，建立一个攻守同盟对你有百利而无一害。这个同盟可以是同级的同事，大家在同一个上司手下干活，互帮互助才能指望在职场上平安生存。这个同盟也可以是另一个上司甚至是上司的上司，“咱上面有人”，在关键时刻也能让老板掂量一下你的分量。

打好基础。其实，只要你平时工作表现出色，没有一点纰漏，说“不”往往更容易得到老板的理解。若老板的要求属于你的分内工作，你平日在领导心目中形象又不佳，关键时刻还想掉链子，当然就不行啦。

喜剧大师卓别林也曾说:“学会说‘不’吧，那你的生活将会美好得多。”要在职场混，还是早点掌握这门艺术才好。

会和老板说“不”固然关键，但还有一个问题也很关键，就是如何让老板认识到你的付出和你的价值。上面我们说到做职员闷头傻干是不智之举，那样既没有很多让你顺利升职加薪的机会，也会让你在和老板说“不”的时候缺少了一些底气。应该如何处理呢?

# 10　你会向老板邀功吗

在职场中，你做了好事，如何能让老板看见？这是一门学问。事倍功半还是事半功倍，似乎是个很简单的选择题，但如何能做到既讨巧又不为人知地为自己邀功，就很难了。常为自己“邀邀功”是达到事半功倍效果的捷径。

## 成功不是偶然的

张丽是一家设计公司的职员，她工作不到三年就晋升为部门主管，而且还多次外出进修。对于这些成绩，她最清楚自己付出了多大“代价”，即看准时间，在领导面前表现得格外卖力，同事有困难，也都积极帮忙。这看准时间说起来很容易，但要真的抓住恰好的时间点也是需要技巧的。

张丽第一次含蓄地邀功是在单位的一次聚餐会之后。抱着一大摞文件的张丽走过停车场时“恰好”遇到了刚刚打开车门的老板。看到一个羸弱的女孩抱着这么多文件，老板就让她搭乘自己的车子。在车上，老板问张丽怎么聚会还带着这么多文件。张丽告诉老板，这堆资料中一部分是自己所在的A组第二天和客户开会时需要用的文件，另外一部分是B组和客户开会时需要用的文件，但是B组的主管助理生病请假了，所以她也帮助B组的同事整理文件。事情到这里，老板已经对这位职场新人有了很好的印象，于是关爱地说了句“辛苦了”。张丽立即机敏地应答道：“我这也是自私的行为，没有公司的大利益怎么会有我的小收益！”

正是对于关键时间点的准确把握，使得张丽的每一次努力都被老板看在了眼里。这种不着痕迹的邀功方式，让张丽在职场上取得了事半功倍的效果。

## 群众基础是成功的关键

在当今社会，不是单凭任劳任怨就能功成名就的，一味地蛮干、苦干并不是聪明的做法，因为你的成果并没有被大家看到，就更别提被肯定了。但是，没有以脚踏实地地付出为前提的吹嘘，更是会被领导及同事看成是表里不一、不够谦虚。俗话说得好：“光说不练是假把式，只做不说那是傻把式。”实际上一个人要想获得成功，两个方面都必不可少，既要踏踏实实地干，又要学会适时地为自己邀功，如此才能恰到好处地展现自我。若人的表现欲望太强，做事目的性太重，则容易给人急功近利、弄虚作假之感。

人的价值体系需要两个因素来支撑，一方面来自自身，另一方面来自外界的肯定与认同。这个外界的肯定和认同的终极目标当然是老板对你的肯定，但是如果没有周围同事对你的支持和认可，就算你做了让老板看到的好事，也会因为别人貌似不经意的一句话而消失。所以，下工夫获得群众基础是十分必要的。

徐斌的一位亲戚是某个日系家电产品的经销商之一。徐斌经常会吹嘘自己又给某个朋友买了折扣很好的液晶电视，也会对很多同事许诺，如果同事有需要就告诉他，他能够拿到很好的折扣。但事实是徐斌只为自己的主管和经理兑现过承诺，而他给同事的承诺，不是因为亲戚出差，就是因为产品断货，总之是没有实现过。时间长了，大家也就很清楚地知道这个好处并不是任谁都可以享受的。

你不做或做不到都没有关系，但是过多地给予一些兑现不了的承诺，过于明显地看人下菜碟儿，就会很招人烦了。

一日，一位新到任的经理在和大家闲聊的时候说起自己的新房子终于交付使用，现在正在装修中。徐斌于是又不失时机地给了能够六折买电视的承诺。熟悉徐斌的同事看到他积极的样子，不禁莞尔。不久，新任经理再次和大家闲聊时说电视已经安装好了，并对徐斌的帮助表示感谢。在徐斌兴奋地去茶水间倒水的工夫，两个同事在旁边貌似无意地询问经理这个电视的效果如何，价位如何，打了多少折扣。当经理说徐斌的亲戚给打了六折的时候，同事甲说:“上次刘总那个电视不是打了五折吗？”同事乙赶紧说道:“不一样,不一样，咱们主管上次也是托徐斌打折，才给了七折，和咱们主管比起来，经理的面子大多了！”

等徐斌从茶水间回到聊天现场的时候，经理脸上早已阴云密布。

经常把不切实际的“努力”挂在嘴边,向领导和同事炫耀，不仅得不到好的效果，反而会惹人反感，甚至会为此而树立一些竞争对手。

在职场中，我们既要做到恰当地表现自己，还要做到坦诚自然。高调做人、低调做事的处世哲学有时候是需要调整的。

## 感谢和亏欠是不同的心理感受

帮助同事并让更多的人知道这一点是我们在职场邀功的好方法，但是凡事必有其“度”，过度地表现自我反而会遭到同事的白眼及疏离。

陈靓在公司里是个好心人，只要同事有困难找她帮忙，她从不推托。不过，同事们好像并不喜欢找陈靓求援，有时甚至害怕找她。这倒不是因为陈靓会把事情办砸，她的办事能力还是很让同事们放心的。真正让大家有所顾忌的是，陈靓在帮人之后，总喜欢把自己的“功绩”挂在嘴边。诸如“小李这次好险，要不是我，这个合同肯定签不成”，等等。不管陈靓这样做是有意还是无意，都让她的同事们心里很不舒服。小李就曾在私下里抱怨说：“陈靓真是的，老提她曾经帮过我的事情，好像生怕别人不知道，生怕我忘得一干二净似的，也不管我是不是希望别人知道。其实我都跟她道过谢了，还请她吃了顿饭。哼！以后就算天塌下来，我也不找她帮忙了。”

如果你恰巧把炫耀当成了习惯，在帮助人之后，总是期待别人的感激与赞许，并习惯从这些感激与赞许中获得自信、寻找自己的价值，那就要尽快改改。要知道，在你炫耀自己能力的同时，也是对你帮助的对象能力的否定。就算对方没有被否定的感觉，但如果你一次次地提醒别人你曾经给予过的帮助，也会造成对方内心的亏欠感。

亏欠的积极意义是能让对方愿意为自己去付出，去偿还。但是它也有消极意义，如果亏欠逾越了度，就会让别人产生无力偿还的感觉，那样对方就会把因自己的无能产生的消极情绪转移给为自己提供帮助的人。

在职场中，我们不能只顾表现自己，彰显自己的重要性，也要适度地给别人表现自我的机会。只有这样，我们才能在获得更多机遇的同时获得好人缘。

## 职场邀功方式选摘

如何做才能恰到好处，既展示了自己的才华，又不至于惹人厌烦，给人以华而不实的感觉呢？不同行业、领域都有其独特的法则。

广告公司文案策划：公司例会是展示个人能力的好时机，千万别故作谦逊、低调。公司领导对员工的良好印象，多来自员工在会议中高质量的发言。不过这种方式往往会招来同事的忌恨，因此发言时最好先肯定之前发言者的讲话内容，然后从“完善策划”的角度，委婉地说出你的建议。比如：“我觉得某人的这个提案非常棒，为了让这个想法实施得更好，我有一些初步意见，请大家参考指正。”如此一来，大家会觉得你在为提案人出谋划策，提案人也会因心存感激而对你印象深刻，领导也会对你更为赏识。

媒体从业人员：应该找机会向领导邀功。因为你的工作是对雇主有所交代的专业行为，经常性地向上司汇报工作，既可以展现你的努力和能力，还能及时得到他的指教，不断修正方向，减少失误。所以，定期做工作报表、抄送重要的工作邮件等，都是很好的做法。

职业培训机构人事部经理：向领导邀功要因人而异，面对那些只重结果的上司时，只需强调工作成果，切忌喋喋不休地详述过程；面对那些看重操作细节的领导，你最好事无巨细都报告清楚，才能得分。

旅行社导游：比较妥善的办法是找一个赏识你的同事为你做个人“形象代言”。借他之口，来为你间接公关。例如在出席会议时，他可以为你打头阵：“这个团的客人对她很满意，处理突发事件她很有一套。”这样的侧面表扬会显得更加客观有力。

诸如此类的技巧因人而异，因行业而异，更因当时所处的环境而异，所以我们需要在干好本职工作之外，多花一点心思在“邀功请赏”方面，来为自己的成就锦上添花，博得众彩。

## 善于表现、适时邀功五指山

第一，开门见山，先说结论。做得多说得少，不懂得推销自己固然是对个人发展不利的，但如果事无巨细地从头说起，往往说到一半就会令人感到厌倦，对于关键的结论便无心多听了。

第二，如果领导的时间允许，再进一步详细说明过程，但是叙述过程亦要简明扼要。记得在表功之前要先感谢他人，把自己的成功归因于团队的努力，这样不仅不会树敌，更会令他人对你刮目相看。

第三，如果是书面报告，一定要署上自己的名字。谁也不想被他人篡夺了自己的工作成果，现在可不是争做“无名英雄”的时代了。

第四，“邀功”完毕应该延迟“请赏”。不要让领导感觉你是个急功近利的人，更不要目的性过强。适当“邀功”必然会给他人留下良好的印象，以后凡是遇到机会，你必然会多几分优势。

第五，让更多人知道自己的功劳，不仅仅是领导，也可以在有意无意间传达给同事们，要相信“一传十,十传百”的效果。同样的赞赏从别人口中说出，往往要比自我表扬更加有力,“酒香不怕巷子深”这句话已经过时了。

五指相握才能成拳，全力出击必能扫清前路上的障碍物和绊脚石，但仅仅掌握拳法还不够，心法也同样重要。

邀功心经：不要担心别人批评你喜欢邀功，因为让别人注意到总比做个“隐形人”好。可以“邀功”,但是切忌“贪功”。邀功的同时要怀有感恩的心态，不要忘记自己今日的成功正是往日团队努力的结果，在表彰自己的同时不要忘了感谢他人。聪明的你若想远离裁员黑名单或争取升职机会，就该赶快丢弃“埋头苦干”的过时态度，常在领导面前“邀邀功”。

其实，我们都知道得到一份好的工作不容易，得到一位好的老板更加不容易。在我们的职场生涯当中，得到一位贵人的帮助那简直是难上加难。但如果我们遇到了贵人，那将会为自己的职业生涯增加更多自我实现的机会。

对于职场贵人，我们是不是只能守株待兔呢？也未必。

# 11 如何遇到职场贵人

很多朋友在自己的一生中都会遇到几个对自己有重大影响的人物。这些人的出现,或许是给我们提供了一个认识自我、改善自我的机会,更有可能直接让我们的生活发生了质的飞跃和颠覆性的变化!

职场中,如果我们有幸遇到自己的贵人,那将会对自己坎坷的职业生涯起到至关重要的作用。但还真不是所有的人都有遇到贵人的好命,不过我们可以通过调整自己的心态来创造和自己的职场贵人相遇的机会。

## 傻人傻福气的许三多

《士兵突击》里的许三多在从一个傻了吧唧的农村小愣头青最终成长为一名优秀的士兵的过程中,遇到了他人生中的很多个贵人。

第一个是史今班长。误打误撞地被史今班长带到部队的许三多,真正打动史今这个贵人的恐怕还不是应征入伍这个环节。如果没有后来那些出色的表现,许三多是不会有机会进入钢七连的,也不可能让史今愿意为他顶住那许多的压力。

愣头愣脑,认准了方向一条道走到黑,许三多的这种性格可以说是一根筋，也可以说是坚韧。

如果没有在那个鸟不拉屎的兵站铺路的经历，许三多会不会在兵役期满后直接卷铺盖回老家？这种对梦想的执著，对自己的严格要求是许三多身上的闪光点。他的这种行为也暗合了钢七连“不抛弃，不放弃”的部队精神。

不抛弃，不放弃。这个钢七连的“企业文化”是让许三多抓住史今这个贵人，并且后来又遇到老A长官袁朗这个贵人的关键性格。

如果我们在工作中面对压力和挑战时也能够有这样的不抛弃、不放弃的精神，是否我们遇到贵人的几率会大一些呢？当然，在你认准一条道之前，首先要选对道路。许三多的确是运气不错的，我们部队的文化思想和革命传统决定了史今这个好班长的素质，他是不会带错路的。很多人将许三多的成功归因于他周围环境的单纯，不需要他去分辨大是大非。真的是这样吗？许三多没有和那些老兵一起天天打扑克，没有在貌似放松的环境中放松对自己的要求，这样的是非观念才是他走出那个兵站的关键。

在我们的职业生涯中，很多机缘背后或许是馅饼，或许是陷阱，这就要求你不能闭着眼睛不分青红皂白地瞎坚持，否则，可能让你撞个头破血流！

所以，让许三多遇到自己贵人的不是命运，而是他坚韧的性格！当我们面对自己选定的终身职业时，不论遇到什么困难和诱惑，不论暂时的低谷多么黑暗，只要你相信自己的选择是正确的，那就参考一下许三多的故事吧。我想，你总比那个傻乎乎的农村男孩儿要聪明一些。

## 想遇到贵人，就把人人当贵人

我们遇到了贵人会怎么对待他／她？信任，尊重，甚至有些小崇拜？要求我们对自我的评价要略低于现实评价，这不容易做到。人对于自我价值的保护不亚于对自己银行账户的保护，因为那是我们信心的源泉。所以，对大部分的人都信任、尊重，甚至小崇拜是需要勇气的。

这不是让你不自信，也不是让你忽略自己的优点，而是要让你用这样一种人人皆贵人的心态作为一种日常工作态度，也就是：谦逊！

北京有一个大家比较熟悉的心理咨询师叫雷明，他在职业生涯中遇到过这样一个贵人，正是这个贵人的出现让雷明开创了时尚杂志这个新工作平台。

那时已经在电视媒体圈中小有名气的雷明给一家时尚杂志写专栏，和他接洽的是杂志社一个年轻不起眼的小编辑艾丽。或许因为艾丽经历过的名人很多，或许她自身也有很好的文字功底，反正艾丽并没有在意这是一个小有名气的人写出的稿子，把雷明的稿件批驳得一无是处，反反复复地让雷明修改了七次之多。在艾丽负责的这个稿子前，雷明已经出过两本书。面对艾丽毫不客气的稿件修改意见，雷明没有觉得自信心受到冲击，也没有感到不被尊重。他认为，自己虽然是一个资深的心理咨询师，虽然有着很丰富的媒体经验，但是在时尚媒体界他是一个新人，艾丽的经验要比自己丰富，她身上应该有很多值得自己学习的地方。

抱着这样的心态，雷明打造出了自己在时尚媒体界的第一篇稿子。当时这个杂志社的主编许巍看到这篇稿子，立刻联系了雷明，以当时业内最高的稿酬邀请雷明在自己的杂志开设一个专栏。

很多时尚界的人认为引雷明进入时尚媒体界的贵人是许巍，但是雷明说，他的贵人是艾丽。如果没有艾丽毫不客气的批驳和多次修改，他是不会被许巍看中的。

在职场生涯中，我们会遇到很多和人磨合的机会。如果我们只盯住自己的长处，并把这些长处当成自己自信的全部来源，不允许别人触碰、侵犯，那碰出来的就很难是火花，更多的是刀光剑影。

做导弹的未必会比门口早点铺的老板娘会煮茶叶蛋，屠牛很麻利的屠夫未必会用西餐刀具，再“优”的优势如果偏离了自己熟悉的领域，或许也会有提升的空间。

雷明之所以遇到这个贵人，恐怕更多地来源于他对不同领域、不同行业人的尊重，来源于对另外一个专业的专业人士的信任，更来源于对自己客观的认识。

雷明这种行为是不是代表他不自信呢？不是。心理学中有这样一个理论，一个不自信的人往往会更强势地保护自己，甚至会虚张声势去掩饰自卑。谦逊的大师们的成功秘诀就在于，他们永远能看到并汲取别人身上的长处。

孔子说：“三人行，必有我师焉。择其善者而从之，其不善者而改之。”（出自《论语 · 述而》）

孔子说：“三人行必有我师，可以学习他们身上的善，并以他们身上的不善为鉴，改正自己的不善。”

## 以贵待贵

想得到贵人的帮助，就要先学会做别人的贵人。这也是一种能够让我们在自己的职场生涯中获得贵人帮助的良好心态。

大学刚刚毕业的袁立强和两个好友在找工作未果的情况下驾车去山区散心，在崎岖的山路上他们遇到了一辆抛锚的汽车。这是一辆有了年头的捷达轿车，车中是一对夫妻。事情是这样的，夫妻俩出来度假，没想到接到家里的电话，说家中老人因突发情况住进了医院。就在两个人赶回家的路上，不想车又抛锚了。三个年轻人听完之后立即伸出了援助之手。袁立强和朋友先帮忙推车，尝试把车推着，但没能成功。他们又打开机器盖子，用自己有限的汽车器械知识摆弄了许久，也没有效果。最后，眼看天色渐暗，他们决定打救援电话。他们所在的山坳没有信号，于是袁立强开车带那个丈夫上了半山腰，但不知为何手机一直拨打不出去。于是，袁立强又返回到车子抛锚的地方，开车带这对夫妻下了山。快到山下的时候，手机终于打通了，他们和救援单位联系好在山下县城会面。袁立强又把这对夫妻带到了县城。

按说，到这个时候，袁立强已经做得很出色了。然而，他并没有结束自己的援助行为，而是让丈夫留在县城等待救援车辆的到来，他则开车送那位妻子直接奔赴市区那家老人入住的医院。

生活的奇妙就在于不是每个人都会遇到奇迹，但当它来到的时候就跟假的似的。不久，袁立强就接到了这位丈夫的感谢电话，并被邀请到他的公司小聚。这时，袁立强才知道，这个男人原来是一家上市公司的总经理。他和妻子出游那天，自己的豪华汽车被妻子的弟弟借去给哥们结婚用了，另外一辆好车被送去保养了，所以两人就开了妻子弟弟的一辆半旧的车，没想到差点让他们误了大事。袁立强成了他们人生中的一位贵人，而这个上市公司的总经理，自然也就成了小袁职业生涯中的贵人。

在我们的能力范围内付出，不要讲那么多功利，也不要凡事都掂量是否会有等价回报，或许这时候你的贵人就会出现。

## 贵人是留给有准备的人的

王瑞佳是一个出纳，她在自己的单位已经勤勤恳恳地工作了五年多，没有出过大的差错，但也没有很大的成绩。不过，王瑞佳的领导还是比较公平的一个人，看到这个踏实肯干的女孩还算稳重，就决定好好栽培她。在一次公司年底聚会中，领导对王瑞佳承诺，只要她考取了会计师资格证，单位就送她去进修学习，并给她升职。

一年很快就过去了，王瑞佳依旧每天兢兢业业地做着本职工作。某日，领导在一次部门会议中看到了平和稳重的王瑞佳，突然想起自己曾经的诺言。刚好公司最近有两个进修的名额，他就想让瑞佳去。没想到，瑞佳却告诉领导，过年的时候，家人给她介绍了一个男友，热恋中的她并没有积极准备这次的会计师考试。因为她以为要是有进修这样的事情，单位很早就会有风吹草动的，反正会计师统考一年两次，到时候再准备也不晚。

领导只好说了些家庭、感情也很重要之类的话。但从此以后，再没有人和王瑞佳说过升职加薪的事情了。

机会是留给有准备的人的，同样，贵人也是这个道理。贵人能给你带来机会，能不能抓住这个贵人和机会，关键还得看自己的本事。

在职业生涯中，你要不断地给自己充电，提高自己的职业技能。老话说“技多不压身”，当你准备好的时候，你周围没准会经常出现贵人。贵人也不会是个人就愿意提拔，吸引他的关键还是你的品质和能力。

整天瞪着眼睛等天上掉下块五花肉，你也得先准备好炖肉的锅才成。不然，就算有肉掉下来，不被有锅的人捡走也会被你放臭了！

做事先做人，想遇到贵人吗？先学会做人吧！

测试

# 你是否会拍马屁

提到“拍马屁”这个词，想必很多人都会嗤之以鼻，认为只有实力才能证明一切。错！讨巧的拍马屁技术可是你事业成功的催化剂，不仅可以让你在一群青年才俊中脱颖而出，更可以使你少奋斗几年就能踏上自己理想的征途。想知道自己拍马屁的功力到底有多深吗？快来测一下吧。

首先准备好纸笔，记下自己的选项：

1. 回忆儿时，你认为用下列哪句话来形容你与父母之间的关系最为恰当？

A　父母总是能在我最需要的时候关心我

B　父母对我疏于照顾

C　父母对我很溺爱

2. 用一句话来形容你目前的内心状态，你觉得是怎样的？

A　每天都很充实

B　有时会感觉很空虚

C　没什么特别的感受

3. 每个人在步入职场前都要经历面试这一关，而面试中很常见的一个问题就是:“你为什么想要来我们公司？”面对这样的问题，你会怎么回答?

A 我认为在贵公司工作很有发展前途

B 我认为贵公司是同行业中最好的

C 我希望能在贵公司施展自己的才华

4. 在完成手头的工作之后，你更愿意选择下面的哪件事情去做?

A 看看同事是不是有什么需要帮忙的

B 看看领导的茶杯是否需要添水

C 上网浏览新闻或休息一会儿

5. 晨会时，经理将辛苦了几个晚上整理出来的策划方案讲述给大家，策划确实做得很好，你会怎样表明自己的态度呢?

A 微笑着认真聆听，不时点头表示赞同

B 不愧是经理做的策划，太佩服了

C 策划虽好，但有不同意见的时候也会说出来

6. 今天，一位时尚漂亮的新同事来到公司，你会怎样赞扬她?

A 你看起来真有灵气

B 美女，你真漂亮

C 你今天穿的衣服真时尚

7. 一位长相一般的女同事新来入职，你会怎样赞扬她?

A　你的眼睛很漂亮

B　你气质真好

C　你的包包是新款吧

8. 在茶水间聊天的时候，如果领导无意间透露，他最近太累了，脖子总是僵痛，你会作何反应?

A　回去学一种锻炼颈椎的小运动，找机会告诉领导

B　回去买一些治疗颈椎痛的药，找机会交给领导

C　随声附和："是呀，最近工作确实挺忙的。"

9. 假如你是一名化妆品销售人员，你会怎样向顾客推销自己的产品?

A　小姐，你的皮肤看起来很不错，但是稍微有些缺水，你试一下这款产品，特别适合您的肤质

B　小姐，你的皮肤真好，试试这款产品吧，保准让你更靓丽

C　小姐，你的皮肤太干燥了，这款产品保湿效果最好

10. 当你得知，你的客户很喜欢琉璃工艺品的时候，你会选择送她什么样的礼物做公关?

A　选一些精美的陶瓷工艺品

B　选一些精美的琉璃工艺品

C　选择一些更贵或者更实用的礼品

11. 公司有一位很重要的老客户，会经常来本地调研，你会选择怎样的方式来巩固公司与客户之间的合作关系?

A　偶尔找时间作陪

B　每次都作陪

C　只要安排好客户的食宿及交通就好

12. 你认为自己是一个很会察言观色的人吗?

A　有时候是

B　那当然

C　不是很会

以上各题，选择 A 得 3 分，选择 B 得 2 分，选择 C 得 1 分，将各题得分累计相加，即是你的总分了。

28 分～36 分：你的拍马屁功力属于高级

此类型的人可以将马屁拍于无形，使被拍的人觉得既舒服又受用。你会在恰当的时机选择合适的言行，讨得上司的认同和喜爱，投其所好的本事堪数一流。建议你在拍好上司马屁的基础上，把你的功力也用一些在周遭同事及朋友的身上，只有打下良好的人际关系基础，你才有机会平步青云。

19 分～27 分：你的拍马屁功力属于中级

此类型的人虽然使尽浑身解数，但还是经常会办一些马屁拍到马蹄子上的事情，难以讨到上司的欢心不说，还经常遭到周围人的白眼。建议你在踏实做好本职工作的基础上，多学习一些察言观色的技巧。你也不要过于张扬，含蓄的语言才容易让人舒服，并且回味无穷。

12分～18分：你的拍马屁功力属于低级

此类型的人属于闷头苦干的类型，虽然很多业绩出于你手，但大部分的成果却归功于他人，在上司眼里，根本没有看到你的闪光点。费力不讨好是你最典型的特征。虽然你的人缘可能是同事中最好的，但也不能总是把自己的劳动成果拱手相让不是？建议你逐步地练习一些拍马屁的技巧，可以先从亲友身上练起，待逐渐熟练之后再用到同事和上司的身上。当然你踏实肯干的本性也不能丢哦！

# 第三章　同事：你的盟友和对头

人和人的交往不仅仅限于表面交流合作的那点事，还蕴含着很多其他的奥秘。从心理学的角度呈现你和同事之间的微妙关系，或许会对你职场人际关系的处理有帮助。

# 12 同事间是否可以建立亲密友谊

有很多年轻朋友都说职场是寻找亲密友谊的地方，当有一些过来人告诉他们这个想法过于单纯和浪漫的时候，这些朋友会以自身的经历给予有力的反驳。

职场为什么不能够有亲密友谊，难道人和人之间就那么功利吗?

什么样的人能够用亲密来形容?我想，大概是朋友吧。

忘记了曾经听谁说过：生意场中，只有永远的利益，没有永远的朋友。

真的会是这个样子吗?这也忒功利了吧!很多年轻朋友对这句话不置可否，因为他们还没有经历过职场中的分分合合，而且这些年轻朋友不缺乏朋友资源。也有很多朋友对这句话很反感，因为他们貌似的确在职场中击败了这句话，拥有了一些沉淀下来的友情。

那是不是可以借鉴职场经历丰富的朋友们的交友经验呢?未必。能够发出这种感慨的通常是两种职场人士，一种是处于竞争风险很小的岗位，或者不具备竞争条件的同事；另外一种是功成名就的人士。

## 亲密友谊的含义

当你期待在职场中拥有亲密友谊时，你是否真正了解了我们这个命题?

对一些喜欢挑战他人言论的愤青类朋友先提醒一句：别忙着叫板，我们讨论的是亲密友谊，不是良好的同事关系!

良好的同事关系是我们工作中必不可少的，那是我们得以顺利工作的基础，也是我们体验工作乐趣的源泉。对于这一点，我一点也没有想驳倒谁的意思。你要是不认为应该有这份和谐的交往、顺畅的沟通，我倒是希望你能够来我的咨询中心做做心理疏导。

我们这里重点讨论亲密友谊。

友谊（friendship）是人们在交往活动中产生的一种特殊情感，它与交往活动中所产生的一般好感是有本质区别的，是指朋友间的深厚感情和亲密关系。友谊是一种双向的情感，即双方共同凝结的情感，任何单方面的良好，都不能称为友谊。友谊以亲密为核心成分，亲密度也就成为衡量友谊程度的一个重要指标。

人本主义心理学创始人罗杰斯（Rogers）对这种亲密度作了三点概括：

1. 能够向朋友表露自己的思想感情和内心秘密；

2. 对朋友充分信任，确信“自我表白”将被朋友尊重，不会被轻易外泄或用以反对自己；

3. 限于被特殊评价的友谊关系中，即限于少数的密友或知己之间。

看到了吧，这就是说，如果你想与同事建立亲密友谊，首先要找到一个朋友，能够对你忠心耿耿，能够对你的一切正义、非正义的事情都守口如瓶，能够将你自己都未必能够保守一生的秘密带进他／她的坟墓。

这种朋友别说在职场中，在人的一生中如果能够拥有，那也是比找个钻石王老五结婚还难的。

我们想问题还是要现实一些，太科幻的期待不利于我们的身心健康。所以，我们不要期待自己能拥有这么美好的人间友情，能够在职场中找到一个志同道合、关系良好的同事已经足够了。

虽然不是亲密的朋友，但是能够志同道合、一起奋斗也算是朋友。那么，这样的朋友需要用什么样的心态去面对才能让友谊之树长青呢？

## “利”字当头的职场朋友

对这类朋友不能盲目冠以“铜臭”之名，先耐着性子看看再鄙视。

人们通常会以成功作为奋斗的动力与终极目标，而不会花太多的精力和时间去思考人际交往中共同利益外的因素。这其中最为成功的代表要数房地产界叱咤风云的“万通六君子”。

20 世纪 90 年代初期，中国海南正在经历着它的第一轮经济低潮。当时漂泊在海口的潘石屹结识了冯仑、王功权、刘军、易小迪、王启富等意气相投的朋友，他们共同创立了海南万通，后来人们把他们称为“万通六君子”。

1991 年，“万通六君子”在海南成立了海南农业高科技投资联合开发总公司（万通前身）。公司成立之初，王功权是法人代表、总经理，冯仑和刘军是副董事长，王启富是办公室主任，易小迪是总经理助理，潘石屹则主管财务。当时，“万通六君子”决定在海南炒房地产，唯一的目的就是挣钱。

1992 年邓小平南行讲话后，这几个对中国房地产行业雄心勃勃的男人赚到了他们人生的第一桶金。

在“万通六君子”创业初期，他们生活的全部内容就是如何将手中的几块地、几幢别墅倒腾出去，每天的话题也围绕在国家发展、房产、经济等内容上。如何能保住公司，如何能不破产，如何能赚钱，是凝聚他们的因素。

当时几个男人所讨论的一切话题都不会和罗杰斯所阐述的关于亲密友谊的三条发生冲突。即便在他们创业的最初有些不便示众的暗箱操作，但由于这些已经成为他们共同的秘密，所以也不会给彼此带来威胁的感受。如果六个人中每个人的秘密都是不同的，那就不好说了。

## “替代满足”的职场朋友

如果说刚刚展现的朋友类型是比较高端且极端的，那《金婚》中的佟志和大庄是我们很熟悉的人物了吧？他们没有很强的凝聚力，有的是不太相同的性格脾气，但为何他们能成为职场朋友？

从心理学角度去看，道理并不复杂。不论是工作能力，还是娶了个漂亮媳妇，乃至中年时有个未成形的小艳遇，这些事件中，佟志在很大程度上替大庄完成了他不能实现的梦想。

刘维维有一个很好的同事兼密友，那个女孩是维维大学时期的闺蜜，两个女孩共同经历了大学、就业这两个人生中的重要阶段。维维对于自己的好友有种发自内心的喜爱，有时候她甚至觉得自己的闺蜜是另一种形式上的自己。

有这样的略带崇拜的欣赏作为基础，维维在职场中虽然和自己的闺蜜存在竞争，但并不妨碍她们的友谊。某种程度上，维维觉得自己的成绩也是好友的成绩，好友获得了嘉奖，自己也同样能够感受到那种成功的快乐。

如果你在职场中也有这样的一个同事，很正常，不是说你丢失了自我，而是说有人和你一起完成了你期待中的自我。这也是众多“玉米”那么迷恋李宇春的一个重要原因。和我们同样普通的女孩，在自己的关注下，帮助下，成就了自己的梦想，何尝不是一种快乐?

粉丝从偶像身上能够寻找到自己期待而未能实现的梦想，职场中的这类朋友又何尝不是？只不过粉丝的崇拜情结被我们放大且合理化了，而职场中的崇拜则被冠以其他一些文化含义。

## 叔叔阿姨的职场朋友

刚刚提到，很多中年朋友会认为职场中是存在很好的朋友的，也能够与同事建立很亲密的友谊关系。他们对亲密友谊和普通朋友的混淆暂且不提，这些曾经的同事之所以会成为朋友是有一个很大的因素没有被大家提出来的，那就是“共同经历过的时间”！

通常我们看到的这些朋友，他们的友谊往往建立在不惑之年以后（三十多岁早熟的也算）。

当人们到达这个年龄段的时候，生活和工作都基本定型，而且随着年龄的增长，看问题也豁达了，也就少了很多进攻性。

这个年龄段的朋友，随着自己家庭压力的增加，随着年龄压力的增加，在情感上也会敏感很多。对于友情的渴望是这个年龄段的朋友的一个共性。

“中年危机”这个词大家应该不陌生，人到中年的时候，自身的竞争力下降，但是孩子长大了，父母老了，很多生活现实问题反而上升了，这时候人的脆弱就会显露出来。内心脆弱时，最好的药方就是情感。亲情在这个时候是压力来源的一部分，恋情是不符合社会道德准则的，而且弄不好后果会很严重。还好，还有友情。同学时代似乎过于遥远，尽管那时我们可能也有两三个密友，但是原有的情感支撑已经不足以承载中年危机带来的内心惶恐，否则也就不会有这个危机了。如果现在开发新的友情，又有些远水解不了近渴。此时回首职业生涯，那些曾经忽略的友情就出现了。

再说明白一点，即便是曾经和你有过竞争的人，该争的也都大概分出了胜负。相逢一笑泯恩仇，蓦然回首，友情就会很轻易地浮出水面。

这种友情虽然也是属于同事之间的良好感情，但还需要时间作为强大的基础，需要岁月进行验证。

## 同事之间需要情感

看到这里，你或许认为我不赞成同事之间会存在亲密友谊这个说法，其实不是。我相信在同事之间会存在很多种复杂的情感，其中不乏坚实的革命友谊。

只是，在这个复杂的竞争环境中，我不想让这种偶然的、个别的美好情感误导进入职场不久的年轻朋友，不想让他们被带入职场情感的误区。

这本书的读者可能多是从业经验不丰富，或者在自己的职业生涯中遇到了某些困惑的朋友，通常这些朋友会比较单纯、善良，在职场中处于很懵懂的状态。我希望大家不要被华丽的职场友谊蒙蔽，而中了小人的圈套。

职场中，的确会有很多人是不错的好友人选，但你从业的目的是什么？交友？寻找温暖的友谊？成为爱心大使？如果不是，就应该与同事保持适度距离。你对同事的过度信任即便不会留下他日后攻击你的把柄，也会给对方造成压力。

陈睿是一个开朗热情的职场新锐，入职后很快和同事打成一片，其中有一个老大哥和陈睿的关系最为要好。两个人经常会在工作中相互配合，也会在闲暇时一起出游、互访。但是现在陈睿和这位朋友疏远了，他觉得自己的压力很大。老大哥总是会向陈睿倾诉工作中一些不愉快的事情。这个倾诉过程中难免会有一些对其他同事的评论和不满。而当陈睿再次面对老大哥觉得不满的那些同事时，突然有了芒刺在背的感觉，总是觉得自己再和老大哥不满的同事保持良好的关系、友善的交谈，老大哥眼中就会流露出不悦，那眼神里包含着的失望和埋怨让他无所适从。

这个案例中，没有把柄，也没有利益之争，但是同样影响了陈睿在职场中的人际关系。这种压力来源于接受了过度信任这个礼物后，我们产生的亏欠感。虽然陈睿没有做出任何在行为上损害老大哥的事情，但是不能用同样的信任和专一面对老大哥的情感，就会让他感受到这份友情带来的压力。

保持良好的同事关系，给予同事适当的问候、关注，这些首先是为了让你和同事能够顺利完成工作，其次也是不给自己设置工作障碍的必要行为。只关注自己能否成功而忽略他人感受，或只想让同事为你付出而吝啬对同事的给予，或过分关注、过分热情地对待同事，最后都只会让你成为孤家寡人。离开了团队的配合，你或许也能很好地完成工作，但花费的时间和力气都要增加数倍。

在同事之间获得良好的口碑并不是很难。微笑、真诚、豁达、勤奋，保持适度距离，尊重别人的隐私，都是保持同事间良好感情的基础。

要想成为永远的朋友，就远离利益。亲密友谊是一份厚重的礼物，如果真想得到，就要有耐心，做好手中的工作，赢得别人的欣赏、尊重。当你看职场不过莞尔一笑时，友谊自然会出现在你身边。

人是有欲望和自我保护的本能的，这就是人性，你也可以称之为动物性。它和人饿了就会吃，见色会动心，困了就会睡一样，是我们的一种条件反射。只不过我们会用自己学习到的道德知识和法律意识去约束、控制自己。但约束和控制对人性都是一种压抑，人性总会被释放，也许不在这个压抑的事件上释放，但释放是必然的。我们为了自己的欲望和安全感有所行动，和人品并没有那么强的相关性。

所以，不要拿人性去考验友谊，没意义。

在职场中，我们说了友谊，说了情感，说了朋友，你如果不能够很好地理解和做到也没有关系，毕竟生活大部分是需要自己去体验和感受的。但在这里有一个事情我不得不再啰唆几句，那就是你可以在职场中做别人的朋友，只是千万不要做“有毒的朋友”。

# 13　职场中的“毒”朋友

在我们的观念中，“朋友”一向是个褒义词，然而现在越来越多的职场人士意识到，平日亲密无间的铁哥们、好同事居然成了他们不快乐的根源。有的是见不得你比他好，有意无意地挖苦你、嘲笑你；有的是把你当成垃圾箱，每次见面前都会积攒大量的心理垃圾，不在乎你的感受，专门对你发泄。这些朋友通通被称为“有毒的朋友”，这种友情很容易影响你的心态和生活轨迹，最终让你也“中毒”。

## 贴了垃圾标签的桶就是垃圾桶

在外企工作的蒋先生给我来信说了这么一件事：“我在单位的年终大会上认识了其他部门的一个同事，我俩在很多方面都有共同点，渐渐地，他成了我的死党。可能由于我们不在一个部门，平时的工作没有交集，也没有利益冲突，所以不管遇到什么事情我们都爱在一起探讨。但现在我越来越想躲着他，因为他几乎每天都要给我发几条短信或者打几通电话，说的全是他在工作中遇到的鸡毛蒜皮的小事，无非是和部门同事闹矛盾，或者对领导有什么不满。好像我成天没事可做，是个专门听他抱怨的垃圾桶。出于善意，我也会给他提些建议，可他从来都听不进去。最后弄得我烦不胜烦。”

透视：倾诉通常会在亲人或者密友中出现，这位蒋先生的朋友显然是将他视为亲人，产生了情感倾诉依赖。对于倾诉欲望强烈的人来说，他们更需要的是一个聆听者，也就是我们常说的情感垃圾桶。

如果我们不考虑蒋先生的那位同事对他有什么特殊的情感,那我要说,这件事情绝对不是蒋先生那位同事单方面的错误。

当我们手中拿着香蕉皮寻找丢弃的地方时，如果眼前恰好出现了一个类似垃圾桶的物品，我们会直接将香蕉皮丢到其中。而这个时候如果没有桶的主人出面制止，我们就会认定自己丢弃废物的地方没有错误，于是在下次路过这个地方而恰好手中又有垃圾的时候，我们依然会按照习惯将垃圾丢到其中。

心理专家建议

多愁善感型朋友的主要特征：老向你哭诉抱怨，却不解决问题，令你筋疲力尽，把你当做不收费的治疗师，自己却浑然不知。

引导朋友对你准确定位，是必要的。如果你在朋友的心目中已经被贴上了垃圾桶的标签，人家自然会将垃圾倒在里面。

所以，你要适当地漠视一些牢骚短信和电话，勇于对垃圾丢放者说出：“我不是垃圾桶！”

## 镜鉴≠打击、否定

在与何莉莉同事三年后，我变成了一个很不自信的人。其实我的工作能力还有社交能力都很不错，但是每当我觉得自己挺不错的时候莉莉就会打击我。单位的演讲比赛我得了二等奖，她就会说如果是她肯定能得第一；我买了一件漂亮裙子，她会说这个风格不适合我，如果是她肯定能够更好地展现这件衣服的设计理念；我每次饭后都会刷牙，她就嘲笑我是事儿妈，以后男朋友肯定会觉得我是个有洁癖的怪物；领导对我有鼓励的话语，她就会说那不过是官方敷衍的语言，等等。

好像我所有的行为都是不对的，有时候我真的觉得自己挺差劲的，但有时候也觉得莉莉对我的态度并不像是好朋友应有的态度。一次，我终于忍受不住莉莉的批评要和她绝交。但是她语重心长地说她这都是为了我好，同事之间能够有这样亲密无间的友谊是一件幸运的事情。我又困惑了。现在我很怕和莉莉交往，但是又怕没有人提醒我的错误，而真的让自己成为别人嘲笑的对象。

古人云："以人为镜，可以知得失。"又云："察己则可以知人，察今则可以知古。"在和好友交往的过程中得到一些中肯的意见并作为促进自己成长的动力是没有错的，但是你具备了辨别意见正确与否的能力了吗？

上面这些被批评的行为在很多人眼里不仅不是错误的，而且还是积极的、正确的，为什么当不同的声音传到你耳中的时候，你会迷失自己？

"正人先正己"这个道理相信你并没有完全理解，如果将这句话反向思考，那么当你已经是在"正"当中的时候，就可以去正人，而不是被外界干扰自己原本已经存在的"正"。

### 心理专家建议

暗中破坏型朋友的典型特征：这样的朋友会打着关心你的

幌子，批评你的外表、习惯及行为方式。恐惧朋友的优秀源于对方并不认为自己足够优秀，其实这些不断的打击恰好说明了对方自信心的脆弱。

在和这类朋友交往时一定要增强自己的自信心，甚至可以在必要的时候让自己自恋一些。你的自信心的最终来源不是你得到了多少别人的肯定和赞扬，而是你对自己的认可和信心。就像耶稣，不管当初有多少人反对和诽谤他，都没有动摇他成为圣人的决心。

## 抽签和退票是观众的权利

“前几天，我单位的一个好哥们儿做了一件让我特别不能接受的事情。我们单位安排我接受电视台的一个就业观点采访，他非要陪我一起去，虽然我也犹豫了一下，但觉得毕竟单位都安排好了，他也不能呛行（挤掉原有主人公，自己成为主角），就同意了。谁知采访开始后，我刚刚说了没有几句他就在旁边插话，结果他成了焦点。以前人家给我介绍女朋友也是因为他在场而搅和了。这种事情不是一次两次了，虽然有时候也觉得他的张扬让我在工作中面对客户和同事时挺省劲的，但凡事总是有度的吧？真不明白我这个哥们儿咋这么不自觉呢！”

让自己成为焦点人物是一些个性张扬的朋友的乐趣。如果是棋逢对手那还好，但是这样的可能性不是很大，毕竟当两个人同时出现在一个舞台上的时候，主角只能有一个，总有人需要做配角或者观众。所以，两个都喜欢张扬自我的人一般会成为竞争型的朋友，不会出现上面这位朋友这种被对方的张扬所遮盖的问题。

能够与这种性格特质的同事成为朋友也是由于你自身不具备很强的自我表现能力而对这种张扬有推崇之心。我们走近一件事物或者一个人，首先是因为喜欢、不排斥，因而能够忍受自我被遮盖。从某些程度上看，也正是因为自我的表现能力不够强大，突破不了对方的遮盖，所以在与这个朋友交往的过程中很可能会出现自尊心受伤害的情况。

心理专家建议：

“我的世界只有我”型朋友的特点：想尽办法成为所有人关注的焦点，让你和参与者都围着他转，把他视为主角，你只能当配角和听从者。

当你已经选择了一个有可能遮盖你魅力的人作为朋友的时候，你应该考察一下自己是否拥有了驾驭这种张扬的能力，也就是说让对方的性格优势在你需要的时候发挥最大的功效而不是让其随时随地地展示个人魅力。这恐怕就是一个度的问题了，而这个度的设定必须要大家对于朋友的交往认识处于同一原则下。如果在对朋友的认识问题上都不统一，那记住了，我们可以做观众，但是演得不好观众可以要求退票，或者我们自己可以随时抽签（梨园中形容观众中途退场的行话）。

所以，他知道你想要什么不是最重要的，你自己知道自己想要什么才是最重要的！

其实，“有毒的朋友”在我们身边并不少见，相信每个人身边都会有那么几个“有毒的朋友”。类似的还有自私自利型的朋友，他们的特征是：以友谊要挟，不理你的死活，让你迁就，明知你第二天一早就要上班，还逼你玩到深夜。还有惯于毁约的朋友，约好了去做一件事情，如果有更好玩的约会，他们会毫不犹豫地在最后一刻甩掉你，等等。

上面列举的几种朋友其实已经成了友谊的变形产品，他们需要的已经不是传统意义上朋友能够起到的互相扶持的作用，而是你的陪伴、你的服从、你的一味倾听。其实里面的问题是双方的，有对方自私的原因，也有自己好面子、立场不坚定的原因。

朋友交往中最重要的一点，也是区别于与亲人相处的一点，就是距离的不同，这个距离包括了交往距离和心灵距离。

刚刚进入社会时我们会有很多的不适应，在职场这个舞台中，我们显得那么孤立，而这时候很可能会出现的就是情感依赖，总是希望那个与自己交往融洽、没有竞争因素的朋友能够和自己多待一会儿。这一点都没错，它是释放个人竞争压力及环境转换带来的焦虑的很好渠道。

但你需要这个情感释放渠道的同时，你的好友也是有这样的需求的。当你的压力得到了缓解,焦虑得到了释放的时候，朋友的心理需求是否也得到满足了呢？如果得到了，那么刚好，两个人可以同步地、下意识地拉开距离；如果你单方面满足了，而对方的心理诉求没有得到满足，那你就有可能成为垃圾桶或者陪衬者等自己并不喜欢的角色。

如果你能够真正理解这个过程，那么也就不要产生那么大的愤怒了。你要在恰当的时候用明确的态度和清晰的表达为友谊拉开距离。

保持心灵距离指的是给自己保留一些隐私。以前，我们在家庭、学校中的环境是单纯的，但是人总要长大，走向社会，而单纯的友谊是否能够经历社会的历练是未知的，经过历练、友谊长存那固然好，反之，就有可能因为朋友间曾经的“亲密无间”给自己造成不必要的麻烦和隐患。所以，类似十二三岁还尿床、五岁就出现过对女孩的生理反应等问题，还是留着老了的时候和哥们分享最安全。

## 送给“毒朋友”的一些话

试想，你的好哥们找了一个女朋友而你还依旧和他形影不离，这就很容易让人觉得你动机不纯。同样，在职场中，当你的职场朋友需要显示自己的能力和光彩时，你的过度积极和热情也会让人对你的动机产生怀疑。就算职场中的朋友就此远离你，也绝对不是对友谊的亵渎。

朋友交往的基础是平等、信任和尊重，当有人认为你是个“毒朋友”而远离你的时候，也不要对友谊这个美好的东西丧失信心。调整自己的认知和行为方法，坦诚地让朋友随时提醒你的不良习惯，让好友成为你的“消毒产品”，那么你的朋友会重新回到你身边。

谨记：朋友这个好东西不是过了这个村还有下个店的，如果你不调整自己与朋友交往的方式，即便有补充上来的新朋友，最终也还是会疏远你的。

漫长的职场生涯中，我们遇到的更多的还不是个体之间的关系，而是我们和某个合作团队发生的联系。小团体和大集体，我们如何去平衡这两者的关系？当你成为集体的一分子时，有一些东西，是必须意识到的。

# 14 小团体的胡萝卜和大棒

小乙刚来公司没多久，就发现公司有好几个小帮派，这些人不光在决策时对着干，甚至午餐时也从不在一张桌上吃饭。没过几天，开始有人拉拢他了，热情地给他介绍公司的各种“内部情况”，让他提防这个提防那个，说得好像除了自己和自己的同伴，就没什么好人了。

事实上，小团体现象并不鲜见，在每个公司里，或多或少都有这种情况，就是几个员工走得特别近，当出了问题的时候，常常一个鼻孔出气。对于这种现象，管理层相当无奈。而对于个体来说，小团体到底是胡萝卜还是大棒呢?

## 小团体的胡萝卜

从某个角度来看,存在的就是合理的。小团体之所以存在,也是因为它能满足员工的一些需求。这些需求就是小团体的胡萝卜。

一号胡萝卜：提供归属感

建立关系是人之本性，小团体能够满足员工渴望关怀的心理，在成员遇到困难时给予精神支持，抚平情绪，使成员拥有精神的寄托与归属感，使上班这件事变得可以接受，甚至成为乐趣。特别是对于家在异地的新人来说，加入一个小团体，可以让你消除寂寞感和职场疲惫。

二号胡萝卜：获得保护

个人的力量和资源是有限的，加入一个团体，成为其中的一员，就可以借助团体的力量维护自身的利益，不会因为信息不灵而后知后觉，导致福利受损。现在的职场竞争激烈非常，谁也不是孤岛，总是要互相帮助的。加入一个小团体，就拥有了一个团体的资源，会得到一批人的帮助。

三号胡萝卜：提高工作效率

团体中的人因为长期在一起而产生了一定的感情，这样就便于交流，更容易互相帮助。哪怕是平时经常在一起打牌、喝酒的人，在工作中也会因为熟悉而使合作变得更容易，从而提高工作效率。

四号胡萝卜：谋求发展

谁不想在组织中有所发展？可是，如果孤立无援就难以展翅高飞。毕竟，“好风凭借力，送我上青云”，再能干，没有“清风”的帮助也难发展。

## 胡萝卜变大棒

小团体也有不少缺点，这些胡萝卜对组织、对个体都十分不利，随时可能变成你职场中的大棒。

一号大棒：顺得郎情失妾意

一个人在组织中往往扮演着多重角色，而当不同的角色发生冲突时，常会让人陷入僵局。当小团体的目标和利益与大组织产生矛盾时，你是忠于小团体呢，还是更看重公司的总目标呢？

二号大棒：小道消息带来损失

小团体成员之间信息交换频繁，但其准确性是不能百分之百保证的。如果过分相信小团体的信息，往往会造成判断失误，给自己甚至公司带来损失。而且，在组织里混淆视听，会造成管理阶层的困扰，也会影响一般员工对公司的信任与公司的向心力。

三号大棒：利益被绑定

组织中往往不止一个小团体，你既然属于这个团体了，就得遵守这个小团体的规矩，对这个小团体的领头人表示忠诚，否则，就会遭到同伴白眼，甚至被看成叛徒。在自己所属团体顺风顺水的时候固然没什么问题，可是，一旦别的小团体得势，你的日子就很难过了，无论你的工作表现多么抢眼，也往往难以得到公正的评价。也就是说，绑定在一个小团体上，就得一荣俱荣，一损俱损。

四号大棒：个性被抹杀

一般来说，小团体内部的一致，往往来自员工同质化。小团体为了加强内部团结，往往要求个人在一定程度上放弃自由，这是小团体存在和发展的基础。同质化包括年龄、背景和文化层次等的类似。最终，这些方面的同质化能使员工们在压力或者利益的驱动下更快地取得一致，从而使小团体更加紧密。所以说，加入一个小团体并不是让你搭个便车那么容易的，你得付出你的个性和自由意志。

五号大棒：影响个体发展

从你加入小团体开始，你的发展很大程度上就取决于自己所在小团体的发展程度了。你的小领导上升，你就跟着吃香的喝辣的；你的小领导失势，你就一边歇着了。而且，被局限在一个小团体里，你会过于依赖这个团体，你的视野也会随之受限，从而忽略更大环境中的趋势，忽略自己所在行业的总体发展前途，忽略自己的长期职业规划。这样做，其实非常不利于你的职业发展。

## 为何胡萝卜会变大棒

胡萝卜会变成大棒，是与小团体的特性分不开的。最根本的原因在于建立小团体是公司大忌，因为它会：

### 滋生不良的组织氛围

小团体的一个重要特征是情感性和非规范性，这就很容易因为情面问题而破坏公司的规章制度,导致出现“公事私办、私事公办”的人情买卖。久而久之，没人会真正把组织的规章制度当回事，徇私不公会成为潜规则。在工作时，对有交情的人给予特别关照，疏忽职责，正是公私不分的表现。小团体有其自身鲜明的特点。

凝聚力强：在小团体里，共同的情感是维系群体的纽带，成员之间的情感较密切，互相依赖，互相信任，有时甚至会出现不讲原则的现象。小团体的凝聚力特别强，往往超过正式组织的凝聚力。

心理协调：小团体的结合基础是自愿，因此，其成员对很多问题的基本看法是一致的，容易产生共鸣，感情融洽，行为协调，行动一致，归属感强。

### 阻碍组织目标顺利完成

在一般情况下，当组织的目标和政策影响小团体成员的利益和需求时，他们有可能集体抵制，阻碍组织目标的顺利实现。如果组织的目标与小团体的目标大相径庭甚至是针锋相对，那么此时的小团体成员甚至可能会为了维护自己的利益而放弃、出卖组织的利益，成为组织实现目标的障碍。

### 成为变革的阻力

随着技术的发展或是法律政策的改变，组织有时不得不改变工作程序,从而导致人员及工作安排的调整。但对小团体来说，它已经形成了自己的传统和习惯，往往更愿意维持现状。尤其是当小团体认为公司的变革对自己不利时，作为既得利益者，如果它的力量又大到能够影响领导层的决策，往往就会变成组织变革的阻力，与公司相抗衡，使企业为此付出巨大的代价。

### 使公司的人事结构失衡

每个小团体都存在一个有个人魅力和影响力的核心人物。应该说大部分有实力的公司不会因小团体的波动而造成核心主营业务或体制的严重创伤，小团体里核心人物的所作所为往往无伤大雅。但是，这个核心人物在公司的职位越高，风险就越大。特别是以一个或几个身居高位的人为绝对中心形成的小圈子，对公司的威胁更大。因为其权力太大，缺乏对其的制约力量，当这个核心人物认为自己和自己小团体的利益与整个组织利益有所违背时，可能出现一个领导带着一群人集体跳槽的情况，这样整个企业就基本上瘫痪了。所以，总的来说，让小团体发展壮大起来是危险的，因为它会直接影响企业的领导力。

例如，某发展迅猛的企业就是因为总裁形成了自己的圈子，力量过于强大，把企业变成了“一言堂”，最后董事会被迫选择让总裁离职来平衡企业的人事。

造成管理上的麻烦

某公司有几个老员工相互之间关系很好，已经形成了一个小团体。由于他们资历老，贡献大，工作能力也很强，所以在公司内不把其他人放在眼里。这就带来了诸多管理上的问题。比如，其中某个人违反了制度，按规定应该给予开除处罚，但其他人一起来闹，声称如果想开除某一人，其他人就集体辞职。可是，他们掌握着公司的一大半业务，他们一走，公司的损失可不小。

降低组织工作效率

小团体往往会限制成员的个人意志，强求一致，从而使工作效率大打折扣。有时，因为小团体和整个公司的利益发生矛盾冲突，为了维护所属小团体的利益，成员会降低工作热情，最终造成生产力低下等情况。而且，由于小团体内的员工经常占用工作时间互通有无，无形中也会影响员工的工作效率。此外，小团体还会破坏团队精神，将企业区分为主流与非主流，导致企业内的人事关系发生冲突。久而久之，小团体的所作所为会使整个公司、小团体以及成员个人的利益同时遭到损失。

## 游走于胡萝卜与大棒之间

如何尽量吃到胡萝卜而避免遭遇大棒打击呢？你要记住以下几个原则：

## 如果你不是小团体中的一员——防人之心不可无

如果你还没有加入任何小团体，或者不准备加入的话，这时候最需要注意的就是，时刻保持清醒的头脑，注意保护自己，不要无端成为小团体冲突的炮灰。

小团体之外的新人不要锋芒太露，尽量少说话、多干活，仔细观察你所处的职场环境。穿透迷雾，对小团体之间的权力分配和发展趋势要做到了然于胸。对正吃香的小团体，不要得罪，毕竟相对于他们，你就是弱势人群。平时要注意和小团体搞好人际关系，保持和谐。但是也别太热情地贴上去，因为它能不能永远持续下去还是个问题。也许它早被领导和主管看成消灭对象了呢?

## 如果你已经成为小团体的成员——害人之心不可有

如果你已经身处某个小团体中，且你的小团体目前正得势，你该怎么办呢? 记住，不要得意忘形，更不要与团体之外的人结下梁子。所谓风水轮流转，你所在团体的得势也许只是昙花一现，要给自己留条后路。把事做绝了，伤害了群体外的人，只会让你树敌过多，等有一天你失利后，就会遭遇秋后算账，让你没办法再在职场中生存。

## 如果你已经成为某个小团体的对立面——明哲保身最要紧

如果你不幸得罪了某个小团体，成了其眼中钉，这时应该做的是尽量弥补，摆摆和好酒，以取得对方谅解。如果自己已经解决不了了，可以考虑加入其他的小团体来寻求保护。但是，最好别越级向最高领导投诉，因为领导和老板一般不会为一个新晋人员牺牲自己的中层人员，即便这一次领导碍于面子支持了你的诉求，你日后也会完全陷于人际关系的泥沼而无法自拔。

记住：工作面前不能论交情。尽量不要加入小团体，更重要的是不要自己建立小团体。工作，就应当以公司的终极目标为目标，遵循公司的共同规则，促成共同利益。说到底，“皮之不存，毛将焉附？”公司才是那块大皮呀！

作为一个新人，不成为小团体的一分子，不附着在某个保护圈子当中，或许会让很多人觉得这是一件很孤独、危险的事情。当我们面对职场的时候，如果不巧成为独行侠该怎么办呢？

# 15　职场孤立

从我们走出学校大门开始，大部分人的工作、生活都将与职场环境密不可分。我们的工作压力和情绪会直接影响我们的心理健康和幸福指数。

现在，很多朋友的职场问题已经不再是对个人智力和工作能力的焦虑了，而是错综复杂的职场人际关系。

办公室就像天天过招的江湖般让每个人如履薄冰。不过，当你拥有和别人过招的机会时你还算是庆幸的，毕竟你知道对手是谁，知道竞争的方向在哪里。但是当你不幸被划分为局外人或者异类的时候，那种孤独的感觉是无法言表的。在职场环境中，孤立的人通常最先出局。

## 孤独求败

为什么说孤立的人最先出局？很多朋友会认为，自己不参与各种帮派之争，也不和他们搅和人际关系，只要把自己手上的工作做好不就好了吗？我不站队，就不会在他们火拼的时候受伤。

错！这种思维方式是完全不正确的。孤立势必失败，孤立的人最先出局。

某大机构驻外办公地有一个职员小王，他就属于自己干完手中事，完全不管他人斗的内向、踏实的工作人员。开始的时候，两个帮派看到来了新生力量都非常积极地拉拢小王，希望小王能够站到自己的队伍中来。但是刚刚进入职场的小王对复杂的人际关系完全没概念，也分不出哪个帮派在机构中更强势些，于是选择了回避。久而久之，小王成了孤独的一员。

不幸的是，金融危机蔓延到这个机构中，裁员成为大家忧心的一个问题。小王所在的这个机构除去对一些辅助型服务人员的裁减，还有一个裁员名额空缺着。面对这样的问题，小王丝毫没有担心，他坚定地认为自己在这个团队中虽然是孤立的，但也谁都没有得罪过，而且平日间两派打得那么厉害,这次肯定会有一些“炮灰”出局。但事情的结果出人意料，小王毫无争议地成为出局的“炮灰”。

职场帮派其实是领导策划的产物，只有在内部竞争的过程中，职员才会透露给领导更多的隐性信息，两派才会争创更多的业绩。如果帮派运用得当就会形成一种竞争的平衡，这种平衡是维护领导的地位、维护单位利益的利器。小王没有领悟到这层含义，更加不知道在貌似你死我活的争斗背后还有千丝万缕的人情关系在交织。这些弯弯绕小王都忽略了，他不成为大家一致认可的“炮灰”还能是谁呢!

另外，当你决定独自一人时，就是给自己和周围的环境树立起了一道无形的屏障。这个屏障后的同事并不知道屏障那端的你到底在想什么，也不知道你拥有什么样的竞争实力，更不知道面对公司里复杂的人际关系你的想法和立场是什么。于是各种猜测就出现了。

有人会以为你是潜伏在他们当中的卧底，有人会觉得你没准有很有利的竞争王牌而不屑与周围的人交往，还有人可能会觉得你表面上不动声色，其实就是单位两派中对手那一拨的。不论是什么样的猜测，反正，在你认为自己安全的时候，你其实早就成了同事的假想敌。虽然在同事中没有敌人，但是因为竞争过程中的自我保护，我们会将自己看不惯的人想象成自己的敌人，这就是假想敌。而在现实工作中，由于假想敌的存在，我们就会做出一些针对这些同事的不配合的行为。

你选择孤独的时候，貌似谁都不得罪，但事实上却是你成了所有同事的共同假想敌。

## 一枝独秀的苦恼

在职场中，性别也是一个非常重要的元素，尤其是当自己一枝独秀的时候，很容易陷入孤独的境地，而且你的存在会让自己和别人都或多或少地感到尴尬。真的只能如此么?

不是的。一枝独秀的人如果足够智慧的话，就会成为这个群体的宠儿。

林丽在矿物单位工作，漂亮的她在一群“秃子”中鹤立鸡群。开始时，每位男士对林丽都殷勤备至，都期待自己成为林丽的好友、蓝颜知己。但是随着时间的推移，长期共同工作建立起来的兄弟情谊让这些七尺男儿都变得很谦让，好像和林丽多说几句话就是对哥们的伤害一样，大家逐渐远离了她。林丽很苦恼,无论自己怎么对大家好都难以融入这个“兄弟连”。

后来林丽想出来一个好方法，既然自己的性别成了交往障碍，那么不妨让和这些同事同性别的男友成为自己和他们之间的桥梁。于是，在一次单位聚会中，小林带着男友一起参加了。带着任务的男友很快和“兄弟连”打成一片，并且隆重地将林丽的上班时间托付给各位兄弟。有了男友的委托，以后小林在办公室中的尴尬消失了，随之而来的是“兄弟连”对她兄长般的关照。

什么样的感情最不容易伤害到自己？亲情。所以当我们的性别成为交往障碍的时候，不妨让自己在多数人面前拥有另外的身份：兄弟姐妹。有了这样的情感基础，做起工作来也会顺利很多。虽然我并不赞成在工作中没事就认这个当哥哥，认那个当姐姐，但嘴甜总是没有坏处的。

我在某广播电台有一位很好的朋友，她原本不在北京工作，刚刚调入广播电台的时候对这个环境是非常陌生的。但是这个女孩很会来事儿，面对女性同事，一概称其为“亲爱的”，遇到男性同事，甭管对方多大年龄，她一口一个“某某哥哥”。比如遇见赵新，她就称呼他“赵新哥哥”，遇见王旭刚，她就称呼“旭刚哥哥”。开始大家都很不习惯，觉得她嗲得有些做作，但这个女孩一直这样真诚愉快地称呼着周围的同事，还别说，真好使。

人都有一种保护弱者的心态，面对一口一个“哥哥”的可爱女孩，大家也就会多少给些方便或者帮助。慢慢地，当大家都习惯了她这样的表达方式以后，却发现自己在这种甜蜜的称谓下无形中为这个女孩多承担了很多工作，多给予了她很多关照。但是面对一个并不势利也没有任何不良居心的女孩，大家对这些小伎俩也都一笑而过了。

所以，成为单位中“一枝独秀”的角色并不可怕，无论谁进入一个新的集体都是从陌生到熟悉的。怎么能够缩短这个熟悉的过程，怎么能够让这个过程更加愉悦，才是你真正需要深思的问题。如果一枝独秀时间过长，那你难免也会坠入孤独求败的境地。

## 论资排辈的尴尬

“初生牛犊不怕虎”这句古语用在刚刚入职的年轻朋友身上非常贴切。面对新的工作、新的环境，我们都充满了动力和热情，在这样的情绪基础上，我们想融入新环境的迫切程度可想而知。然而，也正是这样的一种冲劲最容易让我们将自己陷入尴尬境地。

龚鹤鸣是一个职场新锐，刚刚进入新单位的时候他非常积极。他认为只要自己勤奋、认真，就一定会被大家喜爱和接纳。于是，他勤奋地翻阅公司以往很多的资料，对于现在正在进行的项目也会尽可能多地了解每一个细节，会议的文件他会整理得非常完整并且打印出来备案，甚至连打扫办公室他也会积极参与。每当领导问一个什么问题的时候，由于他对以前和现在的资料都掌握得非常熟悉，所以能对答如流。并且他还会向老板展示他整理的会议文件。这些行为让入职仅仅三个月的龚鹤鸣多次受到领导表扬，并以此激励很多老员工，让大家要以龚鹤鸣为行为标杆。

结果可想而知，龚鹤鸣成了同事的公敌。

既然是竞争，你的出色就势必会影响到一些老员工的安全感,也有可能成为他未来的强劲对手。在你最初打基础的时期，团队配合是非常重要的。每个单位都是链状结构，一份工作不会只有你自己完成，哪怕你就是一个文职人员，大到对老板的了解熟悉，资料的库存数据调取，小到吃饭、如厕都要从未知开始。既然需要有一个熟悉的过程，那么给予别人安全感才能够得到最大限度的配合。否则，老板明明喜欢喝咖啡，但是别人告诉你他喜欢喝可乐，那受伤害的只可能是你。

低调，是我们与老职员相处的最好方法。学习是一个过程，或许未来你会超越你职场中的老师，但如果你一进入职场就让他们感觉到威胁，只会让自己被划入孤独异类的行列。

## 职场不是耍酷的地方

每个人都会由于自己独特的成长环境而拥有不同的个性，然而职场不是耍酷的地方，你的个性或许会成为你职场中的绊脚石。

周磊以前是做艺术设计的，目前被一家广告公司收入旗下，负责广告的创意设计。或许由于周磊有很浓厚的艺术气质，并且以往没有受到过约束，在单位里，他从穿着到行为方式都显得和大家格格不入。

面对这样不修边幅且有些桀骜不驯的年轻才子，领导着实伤透了脑筋。因为，很多以往被公司员工严格遵守的公司制度都由于他的公然无视而受到了挑战。迟到的人越来越多，拖延的工作也逐渐增加。最终，虽然领导对周磊的才华非常欣赏，但由于这个“榜样”的力量实在是过于强大，领导不得不忍痛割爱辞退了周磊。

通常以自我为中心、过度计较、过分谨慎、交往恐惧甚至不爱洗澡这样的问题都会影响你和集体的融合。

在家里，你的父母和恋人会宠着你、呵护你。但是到了职场中，谁规定你必须受到大家的喜爱，谁规定你的想法必须受到大家的认同,谁又规定你的情绪必须得到同事的关注？没有。

当把生活中的习惯和情绪毫无节制地带到工作中时，你就有可能招人反感。同事们或许会因误会你矫情、事多而远离你。这样你的情绪又会陷入更加恶劣的状态，而这些恶劣情绪会将同事们推得更远，从而形成恶性循环。

要想不让自己成为大家唯恐避之不及的那个人，首先要端正自己的事业观。要知道，工作开始时的交流通常都是针对事件本身，而不是针对个人的。别人发脾气或者拒绝你，更多的是工作当中的一些碰撞。就像从事电话销售的工作人员一样，不论他们的销售方式是否科学合理，但迫于生活压力，他们不得不去做这种富有挑战性的工作。通常他拨通十个电话只有一两个人会听他把话说完，一百个电话中能够有一个对他销售的东西感兴趣就算很好的成绩了。要是每一个拒绝电话都让这个销售员认为被拒绝的不是销售内容而是自己，那他估计早就跳槽不干了，心理素质差些的没准还就因此抑郁了。人家拒绝你了吗？人家拒绝的只是你工作的内容。有了这样的认识，你就不必有那么大的挫败感了，也就不会让恶劣情绪蔓延了。

如果你真的不幸遇到了一个看见你就想给你找麻烦的人，那只能说明你的幸运指数比较高，让自己有机会面对这么大的人际交往难题。不过，办公室里不是只有这一个同事，适当地保持距离也未尝不可。

对于一些内向的朋友，如果你真的不适合语言交往模式，“行为”也是融入大家的一种好方法。对需要帮助的同事及时给予帮助就会弥补你言辞上的缺陷。

要知道，人和人交流的过程中，语言只占到了交流总额的 38%，更多的交流方式是眼神、表情、动作。

另外，融入集体有一个必杀技：微笑！

微笑是最有力的社交武器，它会让你的同事放下本能的自我保护体系而去尝试接纳你。

我知道，你会认为不成为职场独行侠和回避小团体是矛盾的。的确，这个界线是很模糊的。

当我们所处的环境要求我们必须加入某个团体的时候，你要善于分辨哪个团体是符合你的个性的，也是符合公司的企业文化的。当小团体的氛围并不是很浓厚的时候，我们可以尝试游走在各个团体中，不要孤立自己。

职场没有绝对的游戏规则，要善于分析，善于定位。不过，在自己的办公环境中，还有一种情况是需要你谨慎对待的，那就是办公室恋情。

# 16　职场爱情何去何从

要工作还是要爱情？这绝对是个两难的选择。选择这玩意，看似很宽松，实际很残忍。每一次选择就意味着一次放弃。人生没有彩排，永远只有现场直播，没有人知道做一次选择会获得什么、失去什么。或许当你选择之后，才会陡然发现，原来失去的比你选择的更有价值。所以，每一次做出选择之前，恐怕都有人在惴惴不安地问自己：值得吗？会后悔吗？

很多单位都有禁止员工之间谈恋爱的明文规定，大部分年轻人也因此大呼“丧权辱爱”。办公室为什么不能谈恋爱？连国家都承认的恋爱自由怎么到了办公室就没有自由了呢？

和很多企业的管理者聊过后，我发现他们在制定这条制度时是有很多苦衷的，其中不少人认为这是对自己员工的保护。

要想真正地理解他们，首先我们要知道办公室恋情的弊端都有什么。

## 办公室恋情的弊端之一：引发争风吃醋的根源

用现代故事说这个弊端，恐怕会影射到不少人，咱们还是看看历史上类似的故事吧。

争风吃醋最为极致、闹腾动静最大、后果最严重的恐怕是吴三桂和李自成的故事了。

如果把国家当成一个大的办公室，那么吴三桂和李自成原本是为了击垮崇祯这个旧的集团统治者而在职场上联手的。本来两人经过强强联手是可以成就李自成所领导的新集团的建立的，但是由陈圆圆这个女子引发的不恰当的办公室恋情，导致吴三桂醋意大发并开关引进外资持有者多尔衮，一起灭掉了李自成。

陈圆圆本是大臣田畹的歌妓，后来被进献给崇祯皇帝。崇祯皇帝见了陈圆圆一连数日不朝百官。后崇祯皇帝顿悟了，遣陈圆圆出宫，于是她又回到田畹处。由此可见，陈圆圆是多么美丽的一个女人，可以让国家这个大集团的老板都神魂颠倒！被赶出宫的陈圆圆开始了自己孤苦的人生。某日，田畹设宴款待时任辽东总兵的吴三桂，陈圆圆席间献艺，三桂惊为天人，遂向田畹讨得陈圆圆。因战事告急，且将士出征按惯例不携家眷，于是吴三桂安排陈圆圆在京城落脚。

1644 年，李自成攻入北京，陈圆圆被抢来献给李自成。李自成为了辖制吴三桂，自作聪明地将吴三桂的老爸软禁了起来。这个李自成也真是的，自己的事业基础还没有打好，就想着潜规则别人的老婆，那不耽误事儿吗？果然，吴三桂在与清兵对抗的时候，听到爱妾被抢，老父被关，一怒之下联合睿亲王多尔衮灭了李逆。后世遂有“冲冠一怒为红颜”之说。

当办公室三角恋出现时，很可能威胁到公司的利益。作为老板，谁都不愿意冒这个险。

## 办公室恋情弊端之二：引发恋人矛盾的根源

杨瑞超和石丽丽在同一单位供职，这个单位并没有明文禁止员工之间谈恋爱。两个原本只是同事的年轻人，在工作中日久生情，并且确立了恋爱关系。但是前一段时间为了一个客户的投诉，两个人闹掰了。石丽丽坚持执行客户要求的补偿条件，因为她认为这个客户是很有挖掘潜力的，这次自己公司的方案中的确有一些瑕疵，并且两个单位以前有过良好的合作，对方并不是无事生非。而杨瑞超则认为这个方案是全公司各个部门协调后认可并制定的，一点小的调整就需要好几个部门为此而改变工作内容，这个代价有些大。而且这个计划不调整，也并不影响整个项目的执行。客户吹毛求疵，故意为难，是为了杀价，这个头不能开，否则会对公司产生负面影响，也会为其他客户树立负面榜样。两个人在开会的时候各持己见，针锋相对，石丽丽巧舌如簧并且论据明确，杨瑞超明显处于劣势。面对在一旁偷笑的同事，杨瑞超感到自己颜面尽失，一下子怒火中烧，说："不要以为我平时惯着你，你就可以事事骑在我头上！"两人的结局可想而知。

不同的人对待工作的观念、对待职场人际交往的行为方式都会存在分歧。如果分歧的双方并不是在同一个环境中，那我们还能够很好地换位思考，冷静处理。但如果这个分歧恰好和自己的业务能力、工作业绩有直接的利益关系，那就是爱情和面包的对决了。在两性情感中，强势的一方会拥有更多的家庭内部话语权，如果把男性和女性的情感战场扩展到职场中，那就更容易乱成一锅粥了。

爱情是用来呵护和经营的，不是没事用来 PK 着玩的，这东西经不起几次考验。

## 办公室恋情弊端之三：由爱衍生的行为规范

在工作环境中，一些必要的人际情感交往是打好同事关系的基础，这个必要的人际情感交往其实是很微妙的，其中可能还会用到一些异性优势。而这样的情况又触动了爱情中一个非常关键的因素，就是：排他性。

爱情是自私的，是属于自己一个人的甜蜜，不能容纳更多人，更不能容忍恋人和他人的暧昧关系。这就是爱情的唯一性，也正是这个唯一性导致了爱情的排他性。

如果我们为了办公室恋情的排他性而很严格地规范自己的行为，那你的恋人是高兴了，但同事可能会因为害怕你的恋人多疑而言行过于谨慎，和你交往起来就会不知所措。假如你是一位女性，公司的男同事在工作中帮了你一个忙，于是你用女性特有的娇柔表示感谢或者请对方吃了一顿午餐，会不会引起男友的嫉妒？

不管是主动还是被动，由办公室恋情引发的行为规范都会为自己原本荆棘密布的职场道路设置更多的障碍。这也是隐婚一族步履难艰的根源。

纪然是某公司的销售人员，她的丈夫是公司另外一个部门的主管。由于两人害怕办公室恋情曝光，双方的关系并没有公开。但是，作为一名销售人员，应酬客户是免不了的，在职场前途和情感的对比中，纪然过度相信了老公的心理承受能力，最终闹到要离婚的地步。权衡之下，纪然放弃了这份工作。

你的行为是否真的符合恋爱中人的行为规范，这并不取决于你自己的道德边界，而是取决于双方的共同边界和沟通能力。本来操心的事情就够多了，再给自己增加一道难题，那压力如何释放?

## 办公室恋情弊端之四：距离产生美

书上说，恋人之间的距离是0m～1.2m，这个距离说的是物理距离。那怎么才能产生这样的一种心理距离呢？是需要我们有空间上的间隔，还是要我们各自拥有自己相对独立的社交群体?

生活主要由三个部分组成，一个是八小时工作，一个是八小时睡眠，一个是八小时的私人时间。

恋人交流的内容也有三个主要方向，一个是你工作中的各种事件，一个是对方工作中的各种事件，一个是两个人一起面对的与家人、朋友交往中的各种事件。

很多年轻朋友都说自己和爱人时间长了会没有话说，其实不是真的没有能引起话题的生活事件，而是熟悉的程度逐步加深后，两个人的话题会相对枯竭。对于有限的谈话资源，我们要善于珍惜。而处于办公室恋情中的两个人，由于生活时间和工作时间的重叠，话题会大量减少。加上两个人物理距离过近，各自都没有独立自由的空间，新鲜感会迅速降低，引起审美疲劳。

这种感觉在恋爱初期不会太明显。在爱情刚刚开始的阶段，两个人对彼此的了解相对空白，对彼此的探索欲和占有欲都很强烈，这时候的恋人恨不得牺牲八小时睡眠时间中的一部分用于两个人的交往。爱情带来的这种幸福感觉是由我们肾上腺分泌的一种叫做多巴胺的物质引发的。生物学家用多巴胺来解释爱情，就像经济学家用交易成本、咨询师用经营技巧这些冰冷的专业词汇来打破爱情的浪漫神秘一样，会让一件本来很有意思的事情变得味同嚼蜡。但科学就是科学，多巴胺带来的“激情”会给人一种错觉，以为爱可以永久狂热。不幸的是，我们的身体无法一直承受这种毒品一般的刺激。一个人不可能永远处于心跳过速的状态，那和打鸡血、吃老山参没有区别，时间长了人会崩溃。所以大脑只好取消这种念头，让那些化学成分在自己的控制下自然地新陈代谢。这样一个过程，通常会持续一年半到三年。随着多巴胺的减少、消失，激情也慢慢消退。

激情过后，爱情需要其他元素来维持。如果你和恋人同在一个职场环境中，你会因为空间限制丢掉维系爱情的一个很好的因素，就是神秘感。

试想，十年八年的办公室恋情真的战战兢兢地度过了，你没有了最初的冲动和欲望，每天上班八小时、下班八小时都要面对同样的面容，能够放松内心的时间仅剩下睡眠时间，你觉得有意思吗？

## 办公室恋情弊端之五：株连九族

现代人的压力是很大的，不仅要面对职场中的竞争，更要面对生活本身的压力。房子、孩子、老人等都是恋爱衍生的负担。面对这样的压力，就更加需要有坚实稳定的事业作为支撑，如此，两个相爱的人才能避免很多矛盾和冲突。

但是，在一个单位工作的恋人，就像是一条船上的乘客，或者说是一根绳子上的两只蚂蚱。

首先，公司的发展是多变的，连丰田那么坚实的企业都会因陷入“召回门”事件而引发危机，不得已减少人员的雇佣，更何况是一些实力一般的中小型企业？江湖上的事情总是多变的。

其次，人都是利己的，两个人在同一家单位的时候，就自然会因为利益的一致性而形成一个隐形的小团体。当恋人中的某个人受到外界冲击的时候，两个人往往会一致对外，从而引发不必要的株连。

车丽君的丈夫是某个大型金融机构的中层管理者。他手中有很多投资客户的资料，负责银行业务的经理想要得到这些客户信息以便于拉储蓄业绩，车丽君的丈夫没有过多考虑就将部分客户信息给了那位经理。但是不知道什么原因，银行这部分的工作遭到了客户投诉,其中一个投诉原因就是客户信息泄露。这件事情直接威胁到车丽君的丈夫。

车丽君本身也是这家公司的大客户部主管，她觉得丈夫很冤，原本是为了公司的利益，却招惹了这么多的麻烦。在公司处理这件事的过程中，那位负责银行业务的经理为了减少自己的过失，很不仗义地将很多责任推卸给了车丽君的丈夫。作为妻子的车丽君终于按捺不住,冲进了这个经理的办公室。最后，车丽君的丈夫和那个经理分别受到降职减薪的处分，而车丽君本人也被调离了大客户部，成为散户部的一名普通职员。

办公室恋情的弊端还有很多，这里不一一赘述，就单凭上面的五点，不管你踏上哪个雷，都有可能让你的职场生涯或者爱情之旅蒙上阴影。这样的情况，那些久经职场的管理者们或许见得太多了。为了不让你的职业道路变得崎岖，为了不让你因爱情受创而影响工作，这个办公室恋情的禁令也应运而生。不知道现在你是否会理解这条貌似无理、缺乏人情味，而实际上却益处多多的条款呢?

测试

# 你发生办公室恋情的倾向有多高

职场如战场，在紧张的办公室里，有时也会出现一丝丝温暖、暧昧的小情调，这就是屡见不鲜的办公室恋情了。大家对办公室恋情褒贬不一，你认为办公室恋情是工作的调节剂还是绊脚石呢？想知道办公室恋情发生在自己身上的几率有多高吗？通过测试了解一下吧。

准备好纸和笔，记下自己的选项：

1. 你的QQ昵称或者MSN昵称或时下最流行的微博昵称多久换一次呢？

A　经常更换，甚至一天更换好几次

B　依心情而定，有可能几天，也有可能几周

C　几乎没有换过

D　不用这些软件

2. 四种不同风格的人出现在你面前，你认为哪一种类型的人最符合你心中的他／她的样子？

A　身着职业装的精明型

B　身着休闲装的亲和型

C　身着运动装的活力型

D　身着另类装的个性型

3. 明天公司组织员工去郊外踏青，每个人都会准备一些食物带去与同事分享，你会准备些什么呢？

A　营养的果盘

B　卤味荤素拼盘

C　饼干或坚果

D　精美的甜点蛋糕

4. 下班路上，你走过一条很狭窄的小巷，迎面走过来一位令你心动的异性，此时你会有怎样的行动？

A　站在原地，观察对方的行动

B　退一步，让对方先行

C　继续正常前行

D　故意碰到对方，并假装摔倒

5. 你认为公司最适合说悄悄话的地方是哪里？

A　茶水间

B　楼梯间

C　会议室

D　厕所

6. 你对办公室恋情有何看法？

A　有助于更好地工作

B　适度的暧昧关系可能对工作有帮助

C 两者并不冲突

D 会对工作有影响

7. 如果在工作场所，你不经意间与心仪的他／她眼神相撞，你会有何反应？

A 找个话题与他／她搭讪

B 等他／她先说话

C 马上转移视线

D 很尴尬地愣在那儿

8. 你喜欢在办公室喝什么？

A 香浓的咖啡

B 漂亮的花果茶

C 常见的绿茶或红茶

D 其他饮料或白水

9. 在办公室里，以下哪项物品最可能成为你与他／她“传情”的工具？

A 电脑

B 办公桌

C 文件

D 笔

10. 公司新聘用的员工今天到岗，如果他／她是异性，你会首先关注他／她哪方面的特征？

A 容貌身材

B　背景才华

C　为人处世

D　不关注

11. 午休时间，看到同事在一旁窃窃私语，你会有何感受？

A　没感觉，反正不是说我

B　好奇他们在谈论什么

C　有些心神不定，产生不自在的感觉

D　一定是在议论我

12. 如果有两位同事都对你有好感，你会怎么处理？

A　跟着感觉走

B　犹豫不决

C　两个都试着相处

D　两个都放弃

13. 下班时，有个不熟悉的异性同事邀请你搭便车，你会怎样？

A　很乐意同行

B　想搭，又觉得不好意思

C　借故推辞

D　婉言谢绝

测试结束，把各题选项的得分相加，即是你的总分数。

选项 A 计 4 分，选项 B 计 3 分，选项 C 计 2 分，选项 D

计 1 分

40 分～ 52 分：你发生办公室恋情的倾向为 80%

对生活充满激情的你，特别容易吸引异性的目光，即使在办公室内也不例外。你的周围可能会围绕着很多对你有好感的异性，并随时准备在你需要帮助的时候助你一臂之力。建议你巧妙地利用自身魅力，使工作变得轻松有味，同时也不忘在办公室内发展更多的同性同事作为密友，她们一样乐于在你需要的时候给予帮助。切忌滥用这种优势利用别人，以免被同事排挤。

27 分～ 39 分：你发生办公室恋情的倾向为 60%

善于交际的你很容易拉近与同事之间的关系，一起工作的时间长了，难免会日久生情。办公室里的恋情，只要你想谈，稍微加把劲、主动一点，很容易就能如愿以偿。但是建议你，慧眼识别“真心人”与“违心人”，否则你的美丽的办公室恋情，很可能只是昙花一现。而转眼间失恋的悲伤心情，又会反过来给你的事业带来不顺。

14 分～ 26 分：你发生办公室恋情的倾向为 40%

虽说你在日常工作中与异性同事的交流并不少，但大部分内容仅限于公事的来往，即便是彼此互有情愫，也很难使对方明了。这种隐约的含蓄也可以称之为另一种享受。建议你如果想深入发展恋情的话，可以找机会多与心仪的他／她私下交往，不要每次碰面都是一副公事公办的面孔，时机一旦错过可是很难再来的哦！

13分以下：你发生办公室恋情的倾向为20%

思想保守，有些刻板的你发生办公室恋情的几率并不高，这并不能说明你的魅力值低。不过，发展办公室恋情也未必是一件坏事，把这种错综复杂的人际关系看得简单一点，有利于你事业的发展。建议你在工作间隙，给自己安排一些更加放松的事情，比如听听音乐，或与同事聊聊生活中的趣事，这样有助于消除你因紧张工作产生的疲惫感。

# 第四章 职场：丛林与舞台

丛林里，荆棘密布，凶险非常；

舞台上，璀璨绚丽，光彩之下涌动着掌声、赞美和利益。

对于我们来说，职场到底会成为丛林还是舞台，就全看我们使用什么样的职场技巧了。

# 17　谣言，心理甲流传染源

在职场中我们经常会因为一些谣言而产生错误的判断，有时我们自己也会成为谣言的中心并深受其害。面对谣言这个恶心的东西，我们该怎么办？

“信谣、传谣，不造谣”，这是当下非常流行的一句话。

小谣言无所谓对错，毕竟相信和传播都是你的主观选择。

但是对于大方向的谣言，比如，天灾人祸或者疾病传播，甚至世界大战、地球毁灭这类言论，如果你轻信或者成为其广为流传的一个中间环节，那就要不同问题不同对待了。首先，有关部门会看你的智商，如果属于先天缺陷那就无可厚非了。如果智商没有问题，那就要看看造成的社会影响程度，必要时司法部门是会介入的。

所以，既然是谣言就说明不是真实的。信了，侮辱自己的智商；传了，不仅侮辱智商，还玷污德行。

## 面对谣言，我们都还年轻

2009 年，甲流肆虐，各种关于甲流的流言也在迅速传播。

比如，一个食品行业的朋友有一天非常神秘地告诉我：“据说航空飞行和铁道运输要再次实行管制，这段时间北京要封城，就像2003年SARS肆虐时一样，别人进不来，自己也出不去。到时候食品、蔬菜的价格会暴涨，所以要提前储存一些。真的，这消息是从上面下来的，绝对可靠。”

结果大家当然知道，既没有管制，也没有食品物价的爆发性上涨，这只不过是一个谣言。

职场中也经常会有这样那样的谣言出现，引发我们的恐慌和不成熟的行为。

某公司的一位高管出国期间进了医院，传回国内的消息是，这位高管突然昏厥入院，经检查发现已经是肝癌晚期，并且癌细胞大面积转移，估计都不能站着回国了。这个消息一经传出，单位里就炸了锅了。各种关于高管住院的“真实版本”纷纷传出，一时间众说纷纭、人心惶惶。其中，有两位耐不住性子的年轻经理已经开始运作各方关系，希望自己能够有机会晋升到高管的这个职位。

然而，半个月后高管回来了，原来他住院只是因为急性胃炎。于是，那些在这位高管住院的消息传过来之后曾经说过他坏话的人，曾经对高管这个职位虎视眈眈的人，曾经因高管患肝癌大呼过瘾的人，他们的下场就可想而知了。

职场环境貌似开放，但是其人员的固定性、环境的相对封闭性、多元化思维模式共存的组成结构和无处不在的竞争氛围等特点，使其成为一个比较特殊的场所。面对众多职员共同享用一个空间的现状，大家比较容易对危险引发的焦虑情绪产生连锁反应。也就是说，恐慌是会传染的。职场精英并不会因为自己的高智商和丰富的学识而产生对恐慌情绪的防御体制，相反，年轻的朋友们在这时候会更容易显示出脆弱的一面。

近两年来，我们的国家经历了许多灾难性事件，亲人的离世、家园的瞬间毁灭频繁出现在我们的视线中。这对那些经历过生活的悲欢离合等各种磨砺的成年人来说，应该还好办。但对年轻朋友来说，他们并没有真正经历过生活的酸甜苦辣：对爱情，是王子公主般的单纯；对工作，是初生牛犊的激情；对生活，是无限美好的憧憬。即使他们偶尔听到一些负面新闻，也会觉得离自己的生活太远，适时感慨一阵便又继续投入到自己的工作和生活中。

当甲流、地震这类事件出现后，一个未经社会洗涤的灵魂亲眼目睹那些灾难带来的后果，尤其是当受难者中有自己认识的人时，年轻人心灵的震荡是可想而知的。

所以，经历过几次大的负面事件的冲击后，人们的安全感是会下降的。而这时候，面对谣言，我们的抵抗力会十分脆弱。

焦虑、恐慌如何能够荡然无存?

神经线“粗一些”的人或许能够用自己的积极心态去调整，但对那些已经被就业、升职、炒鱿鱼、竞争折磨得脆弱不堪的职场朋友来说，每个小小的、带有危险信号的传闻都会让他心惊肉跳。

这倒不是说这些比较敏感的职场朋友就更加热爱生命、珍视健康，只是他们在生活、工作中遇到的各种问题带来的压力和焦虑终于可以在这个时候、这个事件当中肆无忌惮地流露、展现了。

有惶恐和焦虑情绪并不是什么坏事，毕竟这也是我们磨炼自己神经的一个好方法。但压力过大会导致你神经敏感，容易轻信谣言，丢掉自己的判断力。

释放压力最好的方法就是宣泄，宣泄最好的方法就是一吐为快，这就容易导致讹传，形成恐慌性流言。上面提到的那个高管被谣传患上肝癌、命不久矣的事件，让这个单位里的很多同事仿佛一夜间都成为了《潜伏》中的角色。竞争压力带来的恐慌促成了同事们丰富的想象力，于是演出了一场闹剧。

人生一世，麻烦事已经够多了，为何还有人整天闲得没事干，恶意制造流言飞语，唯恐天下不乱？为何还有一堆捧臭脚的跟风者，听点流言飞语就像得令的冲锋队一样，以最快的速度散播、传递？为何很多完全经不起推敲的传言，能让众多高智商的职场朋友相信？面对谣言，聪颖、智慧的头脑到底怎么了？

其实对参与了谣言的造、传、信这三个环节的朋友来说，他们的一个共同心理需求就是：获利！

不论身处哪个环节，都是因为自己扮演的角色获得了利益，而这个利益恰好能够填补自己的心理缺失，或者满足自己的心理需求。

造谣者最大的好处在于：当我成为给平静湖面掷下石块并引发层层涟漪的人的时候，我就成了涟漪的中心。这时候我是被关注的对象，不论你们相信不相信，和我关系好不好，都会因为想更深入地了解我的言论出处和依据而不断向我求证。或许我平时不是一个备受关注的人，但此时我是焦点，是中心。当我第一次因为这种行为获利之后，这种被关注的享受就会驱使我捕风捉影地去找故事，这些故事就是谣言的开始。

传谣者最大的好处在于：传播八卦是一个很好的释放压力的渠道。在我听到了这些谣言的第一时间，压力和恐慌开始在我的内心蔓延，是否我自己真的很脆弱？是否别人也会如我一般？把我听到的消息告诉别人，别人的惊讶和焦虑跟我是一样的。哦，这说明我并不是唯一脆弱的人。而此时，我的内心焦虑宣泄出去后，看到大家都如此这般，我对自己的软弱也就看开很多了。这个谣言不是我造的，真真假假与我何干？更何况，在传播流言的过程中我也是一个被关注对象。

信谣者最大的好处在于：当我接受了那个充满恐惧感的谣言之后，我就可以顺理成章地为此暂时放下沉重的工作。房价和加薪这点小事儿与地球是否会毁灭比起来不值一提；都甲流肆虐了，放下迫切需要签到手的合同也无所谓，反正疾病可能让很多人变换工作，到时候有的是跳槽的机会；为自己摇摆不定的初恋找一个结果，反正未来充满了威胁。总之，信谣者会将平日自己所积累的压力通过相信一个子虚乌有的传闻而暂时从心理上卸下来。此时，恐慌有理！

“君子坦荡荡，小人常戚戚。”面对谣言，我们不要期待那些造谣者会停止生产的过程，也不要过分依赖“谣言止于智者”这个古训。这时候找一个凉快没人的地方，让自己的压力在不需要借用谣言转移的条件下暂时卸下，看看这个传闻对自己的命运是否真的能够起颠覆性的作用，然后你就知道怎么去面对它了。

我的经验是：传闻对你能起到颠覆作用的话，反正是命运，躲避是瞎耽误工夫，只能面对；起不到颠覆作用的话，既然影响这么小，躲避它做什么，有害怕的工夫还不如该干什么干什么。

呵呵，没错，面对谣言我们就一听、一乐呵，然后完事。

# 18　赞美，直击成败双刃剑

好话，用好的方式表达出来了，说话的人和听话的人都美；

好话，但没表达好，说话的人痛快了，听话的人郁闷；

好话，让人听明白了，这话说得就不算是废话；

好话，但没听明白，满拧，这话说得还不如打嗝有价值！

同样是好话，为什么会有如此大的差别？

赞美是每个人都喜欢得到的精神礼物，更是社交场合中非常好用的一张通行证。然而随着竞争的不断升级，人与人之间的信任和真诚开始有所保留。这时，我们发现赞美有时听起来不仅没有那么舒服，反而像一根银针在我们没有防备的时候刺到了自己一样。

真诚的赞美、虚伪的赞美、功利性的赞美纠结在一起，让我们面对赞美时首先想到的是穿上厚重的心理盔甲。

其实，赞美是我们一生中必不可少的心灵良药，只是在这些赞美的鲜花外会有一些枝蔓、花刺。卸除这些赞美的外包装，将糖衣吃掉，炮弹吐出去，才是享受赞美的最高境界。

## 去掉赞美的刺

没有赞美我们很有可能一事无成，因为如果永远处在得不到肯定的环境里，自己的努力就失去了价值。但有时候，赞美也会让我们感到坐立难安，此时赞美就会变得像玫瑰花一样，虽然美丽，可是带着刺。如何才能在享受赞美的同时，拔除那些刺呢？学会另眼看待赞美。

## 安慰型赞美

我们都希望自己在达到目标之后受到赞美，但有时候我们在没达到目标时也会受到赞美，这就会让我们感到尴尬。

许多人都有过这样的经历：小时候，父母说，如果你考到90分就给你买想要的玩具，可最后你只拿到了85分。妈妈有些失望地看着卷子，可是再看看你难过的小脸，也就不忍心再说些丧气话了，于是安慰着说："宝贝啊，其实你已经很棒了！"无论是多么鼓励的字眼，你还是可以听出这其中难掩的失望，于是无法去体会赞美的滋味。

### 另眼看赞美

成功并不一定是100%的。可能经过努力后，你并没有达到目标，但是你却离目标更加接近了，你可以把这看成是60%或者80%的成功，所以你并不用为受到了赞扬而不安。

他们认为你还有继续向前走的可能性，心中对你的期望仍然大于失望，不想让你灰心丧气。所以这种鼓励也是对你的潜在能力的赞美，你要做的就是把潜力变成实力。

## 获益型赞美

有时候我们犯了错误，或者明明存在着不足，可是还是得到了其他方面的赞美，于是感到忐忑不安，怀疑对方是不是在打什么算盘。

卡尔文·柯立芝于1923年登上美国总统宝座。

这位总统以寡言少语出名，被人们称为“沉默的卡尔”，但他也有出人意料的时候。

柯立芝有一位漂亮的女秘书，人虽长得不错，但工作中却常因粗心出错。一天早晨，柯立芝看见秘书走进办公室，便对她说：“今天你穿的这身衣服真漂亮，正适合你这样年轻漂亮的小姐。”这几句话出自柯立芝口中，简直让秘书受宠若惊。柯立芝接着说：“但也不要骄傲，我相信你的公文处理也能和你一样漂亮的。”果然从那天起，女秘书在公文上就很少出错了。

另眼看赞美

刮胡子前的肥皂水：柯立芝在向朋友讲到自己的说话技巧时说：“我们都看见过理发师给人刮胡子，他要先给人涂肥皂水，道理很简单，就是为了刮起来使人不痛。”

上了一层肥皂水再刮胡子就不会伤到皮肤了。有时候，指出一个人的错误前的赞美就像是那层肥皂水，这样就让对方既不会受到伤害，又可以意识到自己的不足。

提升你的价值感：对方对你的赞美是真心实意的，你在某一方面的确很优秀，对方想通过赞美你的优点来提升你的自我价值感，并让你把这种自信和鼓励运用到其他方面，把事情做得更好。

## 功利型赞美

你觉得自己根本没有这方面的优势或者才能，可是对方却一直赞美你。你开始怀疑对方是否误解了什么。你无形当中感受到了很大的压力，想要开口告诉对方，你并没有他想的那么好。

美国心理学家在一所小学里做了这么一个实验，他们随机抽选了一些小学生，并且用赞美的语气告诉老师这些孩子的潜力有多么大。8 个月后科学家再回到这所学校，发现这些被“莫名其妙”地赞美了 8 个月的学生最后真的表现得比其他人要好，老师们也乐于用赞美来换取学生的进步。

另眼看赞美

皮格马利翁效应：用赞美、信任和期待来达到目的，进而促成个人和团队的成功。如果你觉得自己受到了“莫须有”的赞美,那么有可能是因为对方在从你身上期待着什么。例如，办公室里总是有一个人反复地赞美你的打字速度，仔细想想，或许你真的为他承担了很多文字录入的工作。

了解对方的用意：就算对方是为了要达到自己的目的来赞美你，如果你自己也可以从中获利，那何乐而不为呢？我们提前享受到了赞美，反而会更加有动力。如果对方是我们重视的人，我们就尽力达到他的期望值，不让他失望，但也不必有太大的压力，尽力做好就行。

## 虚伪型赞美

有时候因为身份关系，我们总是不确定对方对我们的赞美是否出于真心，甚至这里面还有可能含着恶意。而且，面对表面上的赞美我们也不知道如何反应，是笑着接受，还是立即戳穿呢？

一位外资企业人事主管周日在家懒于梳洗、蓬头垢面。

她去超市买东西时，不曾想遇到一位一直想求她帮忙转工作部门的员工。这位员工一如既往地对她的穿衣风格、形象气质大加赞赏。这样的赞美让这位主管对平日她给予自己的那些赞赏的可信度大为质疑，而这位主管在之后与这位员工的接触中也带着强烈的反感情绪。

或许你只是因为自己的特殊身份而获得赞美，例如，你是公司领导的亲戚，或者有人需要获得你的帮助，等等。因为利益关系，他们可能并没有从内心真正地看到你的好，甚至对你有敌意，但是仍然把这些情绪都掩藏起来，对你满口赞美。不过他们的行为常常与他们的赞美不符，在你看不到的地方，他们又诋毁你、嘲笑你，这让你觉得十分可怕。

另眼看赞美

别拿尊严不当宝贝：功利性的虚伪型赞美未必就是我们达到目的的捷径，尤其是没有找好时机的赞美，很容易“马屁”拍到“马蹄子”上。

不过，当你遇到这些阿谀奉承的时候也不必如临大敌。要知道，我们每个人在对待能够给自己提供帮助的对象的时候，都会急于想要在情感上亲近对方，只是由于赞美者功力的欠缺才会出现那些蹩脚的赞美。

面对这些虚伪的赞美，你或许会开始怀疑自己的价值。其实，不真心的赞美并不代表你的这些优点不存在，你完全不需要因为他人的虚伪就去否定自己的价值。在我们认可的范围内欣然接受赞美，对树立自己良好的公众形象、增加自己的亲和力都是有帮助的，只是不要沉浸在这类赞美中而丢失了自我。尽情享受这些我们能够把握的赞美吧！

听取多方意见：如果你不能确定自己的行为是否需要改正，你可以询问一些和你没有利益关系的人的意见。分辨赞美的真诚与否能够帮助你提升人际关系，知道在什么时候应该坦诚相对，什么时候需要保护自己。

## 是什么让你无法好好享受赞美

我们有时候宁愿面对批评也不愿意面对赞美，因为批评者似乎都是坦白和直率的，而赞美者却可能戴着我们无法读懂的面具。于是，听到赞美，我们反倒没那么舒服了。

有的人觉得接受别人的赞美是在接受精神上的施舍；有的人觉得接受虚伪的赞美，自己就像个被骗的傻瓜；还有人觉得毫不推辞地接受赞美显得太过自信……到底是什么让你无法好好享受赞美？

### 害羞

余晖今年三十三岁了，她从小到大都没有特别优秀过，觉得自己大概就只能这么普普通通地过一辈子了。有时候遇到别人说几句恭维话或者赞美话，余晖总是坐立难安，只能在那儿害羞地傻笑，沉默让原本和乐的气氛变得尴尬，于是余晖更加不知道如何来收拾这种场面了。接受赞美对于余晖来说是一件需要勇气的事情，她宁愿躲开。

透视：赞美会让一个人变得自信，但是不自信的人却又羞于接受赞美，他们觉得自己并没有别人说的那么好，或者害怕别人觉得自己是一个骄傲自大的人。

多疑

杨光是一位精明干练的女强人，她的父亲位居高职，从小她就听到了太多父亲的下属们对父亲甚至对她的恭维。她总是用理性的思维来看待一切，分析每个人的一举一动背后的真实目的，这让她无法真正地享受赞美。她总是在想，这个人是想从我这儿得到什么吗？轻易接受别人的赞美让她有种上当受骗的感觉。

透视：太多的理性会阻挡我们对快乐的感受，赞美也是一种社交手段，也许别人的赞美并不是发自内心，但是也不见得就心怀恶意。如果因噎废食，否定一切赞美就不值得了。

敏感

孟兰这个人对什么都一丝不苟，自己的地方永远都一尘不染，对人对事都有着很高的原则性，就连对待别人的赞美都很挑剔。例如，新来的男同事赞美她身材好，她觉得对方轻浮；女同事赞美她老公体贴，她觉得别人太关注她的家庭……她把赞美也分成了三六九等，带着评判的眼光看赞美。

透视：有时候别人的赞美不一定符合我们的价值观或者审美观，但是用感激来对待赞美显然比用评判更加合适，而且这些赞美能够让你发现那些被你忽略了的美好。

## 你真的会接受赞美吗

很恰当地接受赞美也是一种高超的技巧，这个技能修炼好了，也会成为你在职场中获得快乐和成功的一张通行证。但恰恰很多人都觉得不论是什么样的赞美，接受起来都非常难。

他们把赞美看成是对方在精神上给予的一种施舍，觉得接受起来会有负担。为了减轻这种负担，他们有意无意地去贬低对方的赞美，好让自己舒服一点，可是这却会引起对方的反感。

让我们来看一看什么样的接受方式会让对方扫兴吧。

### 过于谦虚型

一天，你在街上遇到一位好久不见的熟人，她赞美道："好久不见，你看起来又变漂亮了！"你这时候回答："有吗？我还觉得自己胖了呢！"

或许你是不好意思接受这样的赞美，但是这种谦虚却会让对方尴尬，让她看起来像个虚伪的说谎者。其实你只要大方地感谢她，并且也对她表达出相应的赞美就好。这是互相表示好感的一种社交方式，就像握手或者拥抱一样。

### 无所谓型

同事看到你今天穿的外套，说："这件外套真好看，肯定很贵吧！"你想表现得低调些，于是无所谓地说："这件啊，也不是什么好东西，我都买了好几年了。"

不论对方是真心实意，还是虚情假意，这样的回答都无疑打击了对方的积极性，让她有些下不来台，感觉自己是热脸贴了冷屁股。你可以表示，自己也很喜欢这件衣服，或者至少别让对方觉得她的赞美是错误的。

### 高傲型

你的作品获奖了，同事向你表示祝贺和赞美，你却说："我也很意外，这只不过是我花了几个晚上赶出来的，只能说太幸运了。”

别人努力了却得不到的东西你得到了，你还强调自己不费吹灰之力，这显然只能招来忌恨。你需要适度地表现出获奖的荣幸，还可以提一提别人对这个奖项的贡献，例如同事的协助、前辈的建议等，这样会让你的对手更容易接受一些。

对待职场男女有三夸：一夸漂亮得体（女士），成熟稳健（男士）；二夸职业能力，人品素质；三夸丈夫、妻子（男女恋人）和孩子。这三个方向百夸百灵。当然,你也要看准时机夸，不要人家刚刚失恋、离婚你还夸恋人、爱人，那就是找打。

接受总是没错的：高雅和大方地接受赞美并不会让你看起来显得骄傲自大，因为接受赞美就是对赞美者最好的一种回应，这会让你们之间的交流气氛变得活跃。即使你是怀着谦虚的心态拒绝了对方的赞美，也会让对方感到尴尬，甚至觉得你并不得值得获得他的赞美和好意。给对方一个亲切的微笑总是不会错的。

学会享受赞美：有时候我们需要以自我为中心。我们总是在学习和研究这个世界，常常忽略了自己，而接受别人的赞美给了我们这样一个机会。体会赞美是一种完全属于自己的感觉，这会让你觉得自己是被重视的，你周围的空气也会突然变得甜美清新起来。这时候你不应该使劲地憋住气，而是要大口大口地呼吸，这样会让你整个人都变得可爱起来，对自己更加有信心，对别人更加友好和感激。

# 19 职场需要自我粉碎

我的地盘我做主。这句话不是白来的，当你身处职场的时候，哪怕你有自己独立的办公室，这个地盘也是老板他老人家的。

不服？好办。走人！

每个在职场中打拼的人士都经历过自我粉碎的过程，只不过由于态度不同，所表现出来的形式也不尽相同。不过，甭管这杯酒是敬酒还是罚酒，你都要喝下去！

别扭吧？没事，接下来的内容将会让你服从的过程变得舒服、快乐些。

## 个性和去个性化

在我们进入职场的过程中，如果你很好地理解了个性与去个性化这两个概念，那你融入社会的过程将会变得轻松快乐很多。现在有很多职场朋友，因为自己在成长过程中的优秀和高度被关注，导致自我个性过于鲜明。而这种自我会在一定程度上阻碍你获得工作的乐趣。

个性，大家都很清楚，就是我们每个人身上独特的性格特质、思维模式和行为方式。正是这些个性，让我们成为芸芸众生中独一无二的一个人。

去个性化（Deindividualization）是我们都会经历的一个非常痛苦的过程。这一术语是由法国社会学家G.L.博恩在其经典著作《人群》中提出来的。指个体在群体中或与群体一起从事某种活动时，个体对群体的认同，或以群体自居，使个体的个性融于群体之中，从而失去了个性。

简单地说，部队刚刚入伍的新兵蛋子，每个人都是家中备受宠爱的娇宝贝，每个人都有着鲜明的个性特点和生活习惯。但是从入伍开始，他们所经历的一切就都是相同的了。统一锻炼、统一作息、统一着装、统一纪律，这些新兵蛋子的某些个性会被逐步剔除，取而代之的是“服从命令，听指挥”的意识。

如果你不按照要求完成这种去个性化的过程，那你就别想在部队这个大熔炉里实现做军人的梦想。部队训练的是战士，不是大爷！所以，去个性化在这里最为显著，也最为必要。

## 去个性化和职场的关系

职场中也是同样的道理。新员工入职时通常都会有一个培训的过程，除了技能方面的培训以外，还会有一些领导或者老员工做一些企业文化的宣讲。拿联想集团来说，它的企业文化是多方面的，但从企业存在的角度来说，联想存在的理由就是“四为”：为客户，为股东，为员工，为社会。他们不断向入职员工灌输企业文化，包括各层领导人讲话以及单位墙刊、内刊中的文字展示等，都在向联想的员工不断进行着信息的植入。这个信息被吸收的过程就是去个性化的过程。

某IT企业从“海龟”中吸纳了五个年轻人才，这五个都是非常优秀的小伙子。在他们接受培训的过程中，其中一个叫刘志坚的男孩由于年龄稍微大些，并且更加机灵、幽默而成为他们的大哥。这个企业在任命高管前都会让新入职的职员到终端销售柜台去体验一个月。他们的企业文化中也有一条“客户需求第一”原则。然而在第三周刚刚开始的时候，这五个小伙子中的某个男孩就和一位所购买的产品出现问题的客户发生了激烈争执。

本着“客户需求第一”的原则，领导当然会要求这位小伙子做出道歉、检讨等行为，但是以刘志坚为代表的几个精英对此却产生了非常强烈的抗拒。甚至，刘志坚和领导当着这个客户的面有了一番争执。虽然刘志坚所阐述的立场是鲜明的，逻辑是清晰的，道理听上去也是合情合理的，但是领导依旧对赔礼道歉的决定非常坚持。这件事情发生后不久，几个小伙子的柜台实习结束，但是刘志坚依然被留在了专卖店里工作。

这个故事最后的结果和领导其他的一些用意暂且不提，但说刘志坚的行为，他的行为和接纳企业文化、服从企业文化发生了很严重的冲突，这个冲突导致了不那么愉快的后果。

当个人的个性和企业文化相冲突的时候，我们必须服从企业文化。如果今天领导听从了刘志坚的辩解，并认同了他的行为，那以后就会出现王志坚、李志坚……而不明就里的客户是没有时间去了解其中原委的，也没有耐心去分辨孰是孰非，或许一个大客户就会因此而失去。所以，当你站在企业的圈子里时，你所代表的就不是你个人，而是你的企业；你所表现出来的也不应该是你的个性，而是企业文化。

比如说，一个想吃“霸王餐”的人故意往自己吃剩下的菜汤里放点小动物，而某个特有正义感、坚持原则和个性的服务员与他激烈争执，甚至大声指责，这时候你刚刚踏进餐厅的门口，听了事件的大概之后，你会怎样选择？通常大部分人会选择另外找一家餐厅去进餐，不怕一万就怕万一，谁也不愿意在未经自己同意的情况下，让自己的肚子成为别的物种的墓地。

可见，去个性化和职业稳定性的关系还是不容忽视的。

## 小心枪打出头鸟

就算你有很强的实力，只要你不是不可替代的，你就必须收敛自己的个性，否则你会在人家发现你的实力之前便被收回给你展示自己的舞台。为何枪打出头鸟？因为在鸟群中只要有一只鸟先炸窝，那其余的鸟儿即便不望风而逃，也会伺机而动。所以，杀一儆百是为了维护职场环境的相对平稳，方便管理。

刚刚我们了解了重新建构自己性格影响下的某些意识和行为是很重要的，但中国有句老话："三岁看大，七岁看老"。个性和性格真的可以因为外界的需要重塑吗？或许这个道理是大家都明白的，但真的要做到却太难了。就像夫妻两个人都知道某一方就是个闷葫芦，只要自己不和爱人计较就不会有矛盾。但是当矛盾显现出来的时候，往往我们都控制不住自己的脾气。面对自己深爱的人都不能改变的个性，怎么会为了工作上的这点事而去改变呢？

当然会。你的爱人会因为爱情曾经或正在进行而主动包容你的个性，又或许会因为考虑家庭的完整性而不得不去接受你的个性，甚至还会因为自己人老珠黄又缺乏经济基础、丧失了对异性的吸引力而咬牙接受你的个性。这些都是在家庭、婚姻中我们无法很好地完成个性重建的原因。

但是职场中可没人吃你这一套，就算你长得跟仙女似的，也需要按照企业文化去塑造自己的职业形象。当然，你要是把某些领导反潜了就另说。不过，通过非常规竞争手段上来的朋友，往往会更加注意收敛自己的个性，要不好景也不会长。

在职场中，我们因为要给自己修建一条平稳上升的职场通道，一个相对有保障的、收入稳定的渠道，就要为自己建造一个展示自我的舞台，而这个舞台首先要吸引的观众就是你的领导。

如何让你的领导愿意看你这出戏？两个条件：第一，有环境；第二，有演员。环境就是你的工作本身，演员就是你自己。所以，想要领导有机会看到你的能力，你首先要在这个企业的环境中待下去。

请不要偏激地理解去个性化，我们绝不赞成将职员完全磨平，没有任何个性和棱角。这只是局部领域内的、阶段性的去个性化。等你成了大腕的时候，你再耍大牌、玩个性也不迟。

## 痛并快乐着的自我粉碎

别害怕，不是职场要把你大卸八块，而是你自己要把自己的某些东西打碎了重新建构！既然这个过程是必须经历的，那敬酒好吃还是罚酒好吃？

我们再说大家熟悉的电视剧《士兵突击》里那个傻乎乎的许三多。他在部队中经历了两次自我粉碎的过程。一次是在史今班长的谆谆教诲下主动进行的自我粉碎，这次自我粉碎改变了许三多自我保护意识过重的倔脾气，他坚定地接纳了“不抛弃、不放弃”这个钢七连的“企业文化”。而另一次是在老 A 的老大袁朗手中，袁朗用近乎残酷的方式让许三多被迫自我粉碎，这次自我粉碎让许三多知道了有时候放弃、抛弃是成长的必要过程。

面对史今的主动自我粉碎虽然也同样辛苦艰难，但是许三多是快乐的，而在袁朗身边的被动自我粉碎过程就简直是一种自我挣扎和煎熬！这两杯酒，你说哪杯好吃？不过，不管好吃与否，关键还要看你原有的个性观念是什么材质的。

郑飞和陈煦都是日资公司的新员工，针对公司的“当和领导相遇时要行点头礼”这个规定，两个人有很大的分歧。郑飞认为，自己和领导是平等的，没有必要遵循日本文化中的这种礼数，这是对自己的一种不尊重；而陈煦更愿意把它解读为是对已经为公司做出很多贡献的老员工的一种尊重。

不同的解读方式，让他们产生了完全不同的内心感受。在自我粉碎的过程中，显然陈煦的感受要比郑飞轻松和愉悦得多。所以，能够很好地调整对新文化观念的接受心态，拥有一个相对正确的对问题的认识，是我们能够轻松完成自我粉碎过程的前提。

别什么问题都那么敏感，很多时候人应该用一种平和的心态去面对外界的很多规则。凡事都上纲上线的，只能让自己的情绪过激，行为偏激。

你也别以为保持独特性就是一种让钻石焕发光彩的手段，独特性要体现在自己的核心竞争力方面，在不该闪光的地方闪光，没准就会让别人把你当成一块碎玻璃给剔除掉。

与陈煦相比，郑飞显得更自我一些，但是以自我为中心不是个性，只是一种成长模式下的自我认同习惯，是独生子女普遍存在的一个问题。但是，请不要把不良习惯和个性混淆。去个性化其实去掉的是与主流文化、原则不同的问题和习惯，最终保留下来的是自己的本性。

健康心态让我们认识到自我粉碎、去个性化过程中的心理压力是可以通过认知的调整来缓解的，并且它能够将我们的压力转化成核心竞争力。我们为什么要去个性化？其本质是通过职场粉碎去除笼罩在真正个性之外的一些不良认知和习惯，是让自我个性真正焕发的必要途径。

面对职业生涯中的不同企业，你会发现一条共性，就是每个企业都有自己的规则。你既然要在整个企业中成就自我，就要符合这个企业的文化和游戏规则，而在这个规则之内，你尽可以把自己的才华用独特的方式给展现出来。但如果从根本上你就和企业文化相悖，而且还拒绝改变自我、接受对方，那企业老板留着你干吗？谁也不愿意给自己找麻烦，添堵的事情没人愿意做。

## 写给领导的一段话

去个性化并不适用于职场的任何一个方面，摆脱去个性化也不是没有可能的。

在企业管理中，由于去个性化这样一种管理机制的存在，每个人的工作要求和责任都差不多。这样就容易出现只要融入集体，个人利益就不会受损的情况。或者说，如果没有奖励，个性展示就会出现惰性。长此以往，会影响企业的活力与创新能力。

比如，一份策划由五个人合力完成，当分工并不明确的时候，成功了，荣誉是五个人的;失败了，责任也是五个人的。而这时候，往往人们去个性化的自我保护机制就会启动，容易偷懒。所以，分工到人、奖惩分明是去个性化管理机制的必要补充。

# 20　我们在意别人的评价吗

在现代社会中，年轻人因为生活压力太大，已经很少有时间与同学、朋友交流和深入沟通了，更别说是与一些新认识的朋友沟通了。但是大多数人还是很好奇平时的自己给朋友、同事留下了怎样的印象，想通过这些知道大家对自己的认可度。

社交网站作为新兴的互联网社交平台，有助于人们更好地维系自己与朋友、同学的关系，而社交网站上的这款应用软件——“朋友印象”则有助于增进朋友、同事之间的了解，加强人与人之间的互动。

现在，从 Facebook 到开心网，每个社交网站都有一个“好友评价”的组件。在这个组件里，你可以给自己的好友留下各种印象，比如“大嘴”、“卡哇伊”、“善良”等。你也可以自己添加一些个性化的形容词，给朋友留言，告知他给你的印象。除了留下自己对朋友、同事的印象外，你也可以查看朋友们对自己的印象，查看不同的人对朋友的印象。通过这些互动，可以更好地了解对方，也了解自己。

对比中西方的文化和交流习惯，中国人对朋友的评价还是比较温和、善意的，比如“聪明”、“善良”、“卡哇伊”，等等。当然，其中不乏善意欺骗的成分。但外国人就比较直白，对好友的评价往往实话实说，甚至会举例说明自己为什么对朋友有这样的评价。

有些人深受好友评价的影响，他们会惊奇地发现，原来有些看上去很热情的朋友，却对自己有那么差的评价。有的人甚至会纠结于朋友的负面评价，自信心一落千丈。更糟糕的是，由于好友评价是可以共享的，所以你的其他朋友也可以看到你的朋友对你的正面或负面评价。这在某种程度上可能会使你对好友评价更加在意。

关注别人对自己的评价是基于一种自我价值保护的本能或者对自我认知的渴望。如果在你朋友的眼中，你是一个积极乐观的人，那么就说明你的社会形象非常好，也代表你拥有很多的朋友资源。

我的一位来访者就在为同事对自己的评价苦恼。她很在意同事如何看待自己，更加在意自己做完一件事情之后大家的评价。如果评价是好的、积极的、鼓励的，那还好；如果对她的评价是负面的、否定的，就会干扰她的情绪。每当接收到负面评价的时候，这个女孩都会找个没人的地方让自己痛哭一阵，甚至下次再面对这个没有给予她积极评价的同事的时候，她都会紧张得不知所措，语无伦次。

这个女孩非常苦恼。她也知道自己没有必要那么看重别人对自己的评价，但不知道为什么她就是做不到。一方面她害怕听到大家给予她的评价，但是另一方面她又非常好奇别人是怎么看待她的。所以这个女孩会怂恿很多上社交网站的同事在自己的游戏中添加“好友评价”这个组件，并反复要求别人给她评价，一直到别人付诸行动为止。而当同事告诉她自己按照她的希望给她做了评价的时候，她会迫不及待地上网查看。

这位女孩对我说："每当我点开那个网页的时候，毫不夸张地说，我真的会心跳超过一百二十次，呼吸急促，有要虚脱的感觉。"

当然，这个案例很极端，她这个已经属于一种类似病态的反应。不过，我们能够通过这个小故事看到同事间的评价对于很多朋友来说还是非常重要的。

现在的社会是一个资源共享的社会，如果你没有很多朋友作为你的信息来源和精神支柱，单凭个人的努力是很难实现自己设定的人生目标的。好的社会认可能让你得到更好的支持和配合。如果真的是人缘极差，你做什么别人都会产生很大的怀疑，说什么人家都不置可否的时候，你的自我价值感就会受到很大的打击。它带来的直接影响就是：让你做什么事情都很费劲，对自己产生质疑，慢慢地就会导致不自信，甚至自卑情绪的产生。

我们要知道，每一个人接受的评价都是多面的，其中不仅包括了自己对自己的认识，还包括他人对自己的认识，那些不够坚定的朋友还有可能因为他人对自己的评价而改变自我认知。

所以，当我们期待听到别人对自己的评价的时候，更多的是想塑造更加美好的社会形象，这也是很多影视明星和社会名流很关注自己的公众形象的原因。只有知道你讨厌我什么地方，我才知道接下来自己该如何行动，那可是会直接影响到仕途或者"钱"途的。一般和自己没仇的人都不会做出让自己的公众评价恶化的行为。恶意炒作也不例外。细心的朋友都会发现，不论是多么负面的事件，被制造成“某某门”事件后，当事人最后都是希望关心这个事件的公众看到自己不仅是受害者，而且还拥有更高尚、纯洁、与“某某门”主题完全相悖的思想境界。

## 成也评价，败也评价

刘萍萍是一个应届大学毕业生。她参加了某大公司的一个面试，让她在众多佼佼者中脱颖而出的是一封几个专业老师联名写的推荐信。信中，老师们对刘萍萍的专业技能掌握情况和个人素质都给予了很高的评价。但是刘萍萍在这个单位只待了不到一个月就离开了。原来她在某个社交网中添加了很多新单位的同事为好友，而公司同事看到了以往一些同学给她的一些好友评价，其中不乏“功利心重”、“善于拉拢人际关系”、“势利”这样的词汇。而正是这些好友评价让公司人事主管误解了一个刚刚走入社会的青年朋友的过度热情，更对她那份联名推荐信的真实性产生了怀疑。

且不说推荐信是如何得到的，也不提它的诚信度，单说好友评价这一点就足以让我们认识到“评价”对于一个人的影响是多么巨大了。我们生活在这个社会，它的现实和残酷是无法改变的，所以我们要在自己的生活体系内，在自己的社交范围内关注一下那些并没有很重视的“好友评价”。要知道，舆论的力量是无穷的。

让你关注好友评价，不是真的要你在意别人会怎么评价你，没那个必要。每个人的审美和对行为要求的准则都是不同的，你永远不要指望会得到所有人的认同。完美的人有吗？有的话也是在精神病院里待着呢。

这里所说的关注别人对你的评价，是让你注意管理一下评价信息。如果真的有那么不利于你的内容，该删除的删除，删除不了的就做一个说明性回复。不论看客想法如何，多少会降低一些对你的负面影响。

这一点从淘宝网站上看得最清晰，对于买家给予商家的一些言辞激烈的负面评价，商家往往会及时给予同样犀利的回复，以消除不良影响。

对于同事间的相互评价，我们也要清楚地认识到一点，好友评价并不是决定你人品的一个绝对因素，对于你自己和周围想要了解你的人，它只是一个参考值，最重要的还是自己的性格修养。

## 走自己的路，让别人嘚啵去吧

很多年轻朋友都会说，别人爱怎么说自己是别人的事情，如果只听别人说话那自己就甭干什么了。

这句话说得非常正确。我这么说可不是推翻上面所说的东西，而是我们要综合地看待评价这个东西。

在我们的生活和社交中会有很多人评价你，这些评价虽然是形形色色的，但是大体可以归为几个方面。我们要关注的不是全部评价，你也不可能让所有的人都喜欢你、认同你的思想和行为。但是大部分的评价还是比较能够从客观的角度来帮助你认识自己的。

比如大家对刘翔的评价就是一个很好的例子，会有人说他是中国田径的一个神话，也会有人说他是中国短跑中的英雄，更会有人说他是“刘跑跑”。是否因为部分“刘跑跑”的评价，刘翔就放弃了田径事业？

当然不。这不仅是因为刘翔有很坚定的自我认知，还因为有很多理解他的朋友给了他积极的评价和支持。也正是这种自信与支持让低谷中的刘翔积极与疾病斗争，最终走出了阴影。

所以，我们想要获得积极的好友评价，就要在自己身上下更多的工夫。比如说，要有自信，树立一个阳光、积极的生活目标，拥有一份健康的生活态度。要谨记，别人看到的你，是你塑造出来的自己。

## 评价，是一面内心的镜子

好友评价不仅仅是我们用来检讨自己、修正自己的镜子，更是评价者本人性格的投射。

常言说："君子坦荡荡，小人常戚戚。"

对于一个善良正直的朋友来说，他拥有的不仅是客观的眼睛，还拥有宽容和豁达的心态。没有人是不犯错误的，而当我们周围的一些朋友出现了这样那样你看不惯的问题的时候，我们是否应该换位思考一下，从而体会到他的心理感受？要知道，没有人做事情是为了拿给别人批判的，当然不排除像"宋大嘴"这样的一些靠制造噱头提高自己关注度的人。大部分朋友对于损人不利己的事情还是会斟酌一下的。

当你用宽容和豁达的心态去尝试理解朋友的行为的时候，或许你写下的好友评价就会透着那么一些善意幽默的味道。

苏东坡和佛印的一段故事比较形象地说明了这个问题。有一次苏东坡与他的好朋友佛印一起坐禅，苏东坡想捉弄一下佛印，于是斜眼看着他，说："和尚，在你心中，我现在这个样子像什么？"佛印很老实，因此回答说："像佛祖。"苏东坡哈哈一笑，说:“那你知道，在我心中，你像什么吗？”佛印摇头。苏东坡于是说:“在我心中，你就像一坨狗屎！”苏东坡非常得意，回到家后，将此事告诉了苏小妹。苏小妹听说后笑道:“坐禅之时，心若明镜，可以清晰地照见自己，因此佛印说你是佛祖。其实他心中想的就是佛祖。而你说佛印是一坨狗屎，说明你心中正想着的，只是一堆狗屎。”

## 海纳百川，有容乃大

我们要用积极正面的心态去看待那些好友评价，即使那些评价让你的自尊心受损，即使它们给你制造了很多麻烦。这可不是阿Q精神，在现在这个社会中想要听到表扬并不是很难，谁也不愿意给自己树立对手，但是想要听到客观的批评就比较困难了。

所以，我们要善于从那些善意或者非善意的评价中不断总结。人的一生是不断提高自己的过程，想要提高自己，就要有海纳百川的胸襟。

哪怕你是为了规避负面评价对自己造成的不良影响，也要先知道别人对自己到底有什么负面评价，至少朋友们还都是当面提出而没有背后使刀子。只有知道别人觉得自己哪个部分需要改进，我们才可以有的放矢。

上面说过，别人心中的你，是你塑造的自己，而不是他听到的你。所以，针对负面评价中自己的一些不足，我们更可以通过自己的努力让受到这些评价影响的人看到自己的真实状态。我相信人们还是更愿意相信自己的眼睛。

# 21　给心灵上个“户口”

很多人离乡背井，在外地打拼了很多年，依然没有归属感，并为此而身心俱疲。

这个原本我们不愿意面对的痛楚，却被各种媒体以“购房落户”、“取消户籍制度”、“某明星加入 xx 国籍”、“某导演涉嫌倒卖进京户口”等新闻形式不断呈现在我们面前，让我们不得不去正视那个痛楚。户口和房子这两个身外之物成为很多年轻人生命中不能承受之重。那么你是否知道，我们的很多心理问题也来源于“户口门”？

## 户口，请离我的成就感、认同感远点

大学毕业，单位只签聘用合同，而户口打回原籍。老家的人不理解，背后嘀咕：“念了那么多字儿，到头来还得飞回来。”

为了争口气，你磨掉个性、埋头苦干。终于，事业有了起色，你想买个车、买个房，却发现外籍身份的自己贷款手续条文罗列起来比本地人多了十多项。

有了梧桐树就开始为自己找凤凰，不曾想还是因为户口，优秀的你只能排在人家的备选名单中。

“我努力，我发奋，找个和我一样的‘外籍’人士结婚，免得婚后总要面对一大家族！”终于找到两情相悦的那个他(她)，但是因为双方都非本市居民，不能在本市领取结婚证。

大红本本到手，一切烦恼没有！小两口请了年假准备蜜月旅行，又被告知护照、港澳通行证必须回原籍办理。

你就纳了闷了，干吗不早说？我们也好和结婚证一起办了。人家回答，没规定出国前必须结婚！

这都什么乱七八糟的！坐那里想一想，未来还有证件到期更换问题，孩子的户口问题、上学问题……

为什么在户口面前你所有的成就感都会不翼而飞？为什么无论你怎么努力，这个城市都不能多给你一些认同？

张弘宜和车利民是上海一家大机构的职员，两个男人同龄，在单位中不同的部门担任着相同的职务。按说两人的薪水持平，也都在上海买了属于自己的房子，应该是没有很大差别的。但是车利民就是觉得自己没有张弘宜过得那么轻松潇洒，自己仿佛背负着很大的压力。这次公司要紧急派人去欧洲处理一个项目中出现的问题。这个项目原本是车利民负责的，但由于车利民护照到期，一直没有时间回老家办理新的护照，所以他无法按照公司的要求按时出差。张弘宜代替车利民去了欧洲。车利民认为，别说张弘宜的护照没有问题，就算他的护照也过期了，也会因为他是上海本地人士而不受影响。

户口，这次车利民终于明白自己没有张弘宜活得潇洒的原因了！

名词解释

成就感：是指实现个人理想、抱负，最大限度地发挥个人的能力，达到自我实现的境界。它属于精神上的高级需求，通过心理认知对个体起到作用。

认同感：把自我情感等同于另一个人或另一组人的情感。

专家意见：勇于做一个自恋的人

既然了解了名词的含义，那么你现在应该知道保护成就感、获得认同感既不需要改变国籍，也不需要借助任何外界的认同了。你拥有获得成就感、认同感的条件，那就是自身不懈的努力。增强自信心、完善自我，在自己力所能及的范围内努力发挥自己的潜力，使自己成为自己所期望的人。

既然成就感、认同感和内因相关，那还管他什么户口，反正本地人拥有的你这个外籍人士一样不少。勇于做一个自恋的人，就像不论哪个新娘都会觉得婚纱照里的仙女和早上没洗脸、没打粉底的自己差不了多少！

## 自我接纳与信任的慢性毒药——身份证

一位北漂白领虽然工作很出色，但个人问题迟迟没有得到解决，原因之一是缺乏对人的基本信任。她讲述的一个事件值得我们注意。她刚来北京时因为忘记带身份证而无法租房，家人通过邮局将证件邮寄过来，但她因为没有身份证，无法领取邮件。一位中年女性工作人员对她说："只要没有身份证就没法证明你是你，现在的社会，面对没有身份证的人，谁敢相信！"自此，她对自我产生了很大的困惑，对人对己的信任感逐日下降。

还有一位来自边远地区的咨询者，每逢重大节日或者有大型活动他都不敢出门，原因就是怕查身份证。他不接纳自我的原因之一是他曾遭遇过这样的事件：非执法人员不信任他的解释，并在对他进行身份证抽查的过程中有言辞侮辱。

名词解释

自我接纳：是对自己的认识和评价，对自己生存环境的认识和评价，以及对自己与环境的关系的认识和评价。自我接纳是自信、内部尊重与外部尊重共同作用的一种体现。自信是自我接纳的关键，当一个人内心力量不足，或者自卑的时候，他对自己的接纳程度是不高的。

信任：信任是一种有生命的感觉，信任也是一种高尚的情感，信任更是一条连接人与人之间的纽带。

专家意见：给生活一个微笑，还你一片阳光

尊重是自我接纳的关键，尊重的需要又可分为内部尊重和外部尊重。内部尊重是指一个人因相信自己的能力而得到的自我尊重；外部尊重就是指一个人希望得到别人的尊重、信赖和高度评价。

对于信任，你有义务去信任另一个人，除非你能证实那个人不值得你信任；你也有权利得到另一个人的信任，除非你已被证实不值得那个人信任。这也是一个相互尊重的过程。当然，信任的前提是有足够的判断力和自我保护能力。记得《士兵突击》里有一句台词：“过分信任的天赋不是人人都有的。”这句话怎么理解就因人而异了。

一个员工每日进办公大楼时都会对门口的保安微笑。某日，这位员工在逛街的时候有些疲惫，就坐在一家比较有名的咖啡连锁店外的营业区休息。当他吃完自己点的东西后，却发现钱包不翼而飞了。正当他非常尴尬地面对营业员的嘲弄和斥责的时候，他们单位的那个保安出现了，为他买单解围。

这位员工知道，这笔费用对于一个外地普通的保安来说是非常奢侈的数字。他问保安：“你为什么会帮助我？咱们并无交情，你不怕我赖账不给你钱吗？”那个保安的理由很简单：“因为你对我的尊重和微笑让我觉得你是一个值得信任的人！”

## 心理安全感的屏障——暂住证

买了房子，在这个城市拥有了属于自己的物质空间，但你却只是拿着暂住证“暂住”在自己的房子中。

我到底是哪里人？每次排队换暂住证的时候，看到那个办公室我就有一种很无助的恐惧。而当我回到老家时，亲戚总是自豪地介绍：“他（她）现在是大城市的人，就回来暂住探亲。”家乡怎么也成了我暂停的地方？怎么在哪里我都是游子？

名词解释

安全感：心理学认为，整个人体，包括感受器官、智能、精神和心理能量都是寻求安全的工具，甚至可以把科学和人生观都看成是满足安全需要的一部分。

暂住：临时性居住，很大程度上也意味着你只是这个地方的一个过客。这个词容易造成人们归属感的缺失，给人的安全感带来极大损伤。

专家意见：房子≠家

安全感是人类必不可少的需求，它包括衣食住行的安全、家庭的安全、职业的安全等。你仔细看一下就会发现，这基本已经包括了我们日常生活的方方面面，而支撑这些方面的和这些方面所期待得到的都和“爱”密不可分。最安全的地方就是家庭这个爱的港湾，家庭安全就是我们与爱人、孩子、父母等的关系以及他们的健康。职业是为这些基本安全感的建设服务的。如果爱的支持系统足够强大，又何需在意暂住？开放自己的内心，多层次地感受不同事件带给我们的安全感。房子是暂时的，而家庭、爱、健康和责任却永远是我们的安全港湾，你的人生归属将会被各种爱包围。

现实版迪士尼童话的女主角——法国女孩蒂皮·迪格里自出生后，一直随摄影师父母在人迹罕至的非洲丛林中生活，将大象、非洲豹视为“兄弟”和“朋友”。直到10岁时，蒂皮才重返文明社会。但是面对媒体她却说一直被爱包围着，从未丢失过安全感。

## 给心灵上个“户口”

如何在心理上建立自己的“身份感”？怎样才能够让我们的成就感不被击垮，能够因自我接纳良好得到更多的自信，能够让我们更大程度地获得心理上的安全感？这几点不能单一地看待，人的心理机制就像复杂的经纬线，相互交叉相互支撑，健康的心理和积极的生活态度就像是我们添加的经纬度，有了它，就能够准确地定位方向而不会让我们在人生旅途中迷失。

摒弃客观限制，让我们给自己的心灵上个“户口”，它的国籍也就是你最根本的出处——你内心的自我。让自尊、自信成为我们的故乡，用爱为自己搭建心灵的家园。

# 22 忍无可忍，无需再忍

我们每个人都拥有自己转瞬即逝却又漫长的一生，无忧的童年，活力的青春，浪漫的爱情，鲜活的生命……这些美好点点滴滴地洒落在我们的生命中，大部分在我们还没来得及细品的时候就已不在。而生活意义的寻找，奋斗中对自己不懈的鞭策，为了适应这个不是那么令人喜欢的环境所遭受的委屈、隐忍，却从未离开过我们。

“小不忍，则乱大谋。”这是一句我们耳熟能详的古训。面对复杂的人际关系，面对随时可能遭遇的恶性竞争，面对美丽爱情的物质化，心理工作者告诉你:忍无可忍，无需再忍。

## 忍从何来

在现在很多影视作品中我们经常可以看到，那个在社会中苦苦挣扎却屡遭坎坷的倒霉蛋在忍耐度达到一个极限的时候，会揪着自己的头发痛苦不堪地自问:“我到底惹谁了？倒了八辈子霉，为什么什么恶心事都让我碰上！”

其实我倒认为，这个倒霉蛋与其和自己头发较劲，不如冷静下来问问自己：忍从何来?

一个人一次碰见对自己不利的事情，我们说是倒霉；两次碰见，我们说是巧合；三次碰见，我们说是不幸；次次碰见，我只能很遗憾地说，是活该。

何思宇在职场中非常压抑，原因是他总是被同事们当成一个公共马仔。不论谁手中有什么工作需要帮手，都会毫不迟疑地叫何思宇过来帮忙，不管他有没有自己的事情。同事们仿佛都觉得，他就是闲在那里随时等待别人召唤的人。

何思宇觉得自己特别窝囊，不知道自己为什么会忍受同事对自己的轻视，也不明白为什么大家会这样习惯性地使唤他。

为什么当我们第一次遇见需要隐忍的事件时不反思隐忍的问题出在什么地方，隐忍的情绪从何产生？要知道，所有的情绪都是根据主观的判断得来的，比如说吃苹果的时候吃了一个虫子，有人主观觉得恶心，也有人觉得吃水果的时候顺便补充了蛋白质。

所以，当你遇到一件不好的事情的时候，要看看我们的“忍”从何而来。如果是处理问题的技巧，那就什么都别说，提高自己就是了。如果说是人际交往方面的问题，那就买两本人际沟通使用手册或者多看看杂志中的心理栏目。如果是属于自己的性格问题，觉得天下人都应该让着你才可以，你就在被自己气死之前踏踏实实地找个心理医生做个认知调整。如果你的“忍”是从琐碎且持续的压力中来的，那我告诉你，此时要学会放纵，无需再忍。

千万别说你是为我忍着呢！

我们经常在生活中听到这样的话：我做这一切还不都是为了你？不是为你，我才不受这个窝囊气呢！

其实你错了，你还真不是为了某个人。给自己的错误或者痛苦找个替死鬼是我们每个人都有的本能反应，在心理学中这个叫做“选择性归因”。通常我们在给自己的优点和成绩归因的时候，都会归结到自身的努力、自己的能力当中。当然那些站在颁奖台上的人的获奖感言可以忽略，那是为了树立自己谦逊高大的个人形象。而我们把失败痛苦归结到外因身上的时候，是对已经备受挫折的自己做的自我价值保护，残酷的事实已经让我们伤痕累累，总不能给自己再加几个耳光。

在这样的归因背后,有着付出和收获不对等的埋怨。比如，当你在丈母娘家干了一天的苦力，临了媳妇的弟弟拎点自己不吃的歪瓜裂枣来了，丈母娘把土猴儿似的你放在一边，大夸儿子多么孝顺。这时候，如果你心里已经有了获得丈母娘欣赏的预置期待，你可能就要不满了，因为这个期待并没有实现。甭管这个期待是为了让自己在媳妇家提高地位，还是为了让媳妇加深对你的感情，总之是没有达到你的预期效果。这种隐忍其实是一种目的性很强的“实惠交换”。

这样的归因背后还可能是一种投资心理。在办公室谨慎小心地工作和社交，对领导和某些地位微妙的人物俯首帖耳，但是升职加薪总是和你失之交臂。为啥？这么忍可不是单单为了经济，更多的还是一种害怕自己被淘汰的恐慌，是一种不自信的表现。不信你看看刚刚升职的那个毛头小伙子那副狂傲劲儿，咋看咋不顺眼。凭啥他就那么狂？不凭什么，就是自信。心里难受？酸吧。这种忍耐是对自己未来的一种投资，既然是投资就有风险、就要忍耐。

## 隐忍是种说不出的痛

说穿了，不论你给自己所忍的事情穿上多么华丽的外衣，自己心里总是明白，自己的快乐和幸福，甚至价值都在这一次次面对生活、工作的妥协中减少、消退。要知道豆包儿虽小也是干粮，吃多了也撑得慌。

小小的忍耐逐步积累也会变成沉重的心理压力，这也是“焦虑”、“抑郁”这些原本在心理学界都不是很常用的词汇被如今的人们挂在嘴边的原因。面对生活中无处不在的规矩，面对睁开眼睛就要面对的多重压力，我们要如何调整，如何让这种痛不那么强烈，如何让自己保持一个良好的心理环境？

好办，就是别忍着，放过自己。

既然明白了忍的是自己的主观情绪，忍的是回报期待的落空，忍的是对未来的一种无形投资，那当我们忍无可忍的时候就可以偶尔去放纵一下自己，没人说一次犯规就会被永久罚下。

## 技术性犯规

喜欢看体育比赛的朋友对这个词应该不是很陌生，都知道这是运动员在不会吃牌或者被罚下的前提下做出的一种违反比赛规则的行为。这个行为的目的既有给自己制造机会的，也有给对方造成麻烦的，还有扰乱对方心理防线的。不论目的是什么，技术性犯规是体育比赛中被广泛使用的一种行为。

你看看人家多聪明，犯规，还技术性犯规。在咱们的生活、工作中为啥就不能也来点“技术性犯规”，让自己疲惫的心灵得到舒缓？

## 犯规技术示范

很多行业的朋友都有过加班的经历，加班不是不可以，但是持续加班且得不到相应的回报就会让加班成为我们深恶痛绝的事情。如果你不加班，或者加班后的第二天迟到了，有没有加班费无所谓，但要是落下个工作态度不端正的口实，自己以后的事业前景恐怕堪忧啦！

这时候想要犯规咋办？老板也是人，尤其咱们中国人是很认同“百善孝为先”这句古训的。在你的压力让你即便加班一周不休息也无法安然入睡，并且脾气暴躁、注意力不能够集中时，这句古训可以成为我们犯规的技术手段之一。

当然，最好不要拿自己还在世的长辈说事儿，毕竟有些诅咒忤逆之嫌。这位被借用的长辈的底细最好是公司同事不清楚的，否则人们会以为你家有啥起死回生的灵丹妙药。

不用担心你的长辈会因为你打着他的旗号说谎而迁怒于你，他老人家在天上看你累得挠墙的时候比你还着急！

如果长辈这面大旗你不敢轻易冒犯，那就杜撰一些其他的目标人物，咱们的目的就是迟到、小休，不会影响你在领导心目中的形象。这时候怎么就忘记举一反三的成语了！

结婚纪念日的时候，用百度、谷歌搜索一篇浪漫真诚的情书送给爱人。这样的小犯规能够让你的她幸福指数锐升，至少一周以内看你的眼神都有初恋时的迷离。

其实这类小犯规在我们的生活中比比皆是，只不过我们用生活中那些隐形的规则将自己束缚住了。这当然无可厚非，甚至应该表扬，毕竟你是一个有着很强自律能力的人。但是当压力达到一个边缘数值的时候，如果你还一味高标准、严要求地对待自己，那只能说你有些八股。

## 节制地享受犯规获益

小小地犯规能够在很大程度上释放我们的压力，放松我们高度紧张的神经。犯规运用得当还能很好地提高我们的快乐感和自信心。

红灯没变我就要过马路，闹铃响了我还强忍着不动，吃完饭我就是不刷碗，手上的作业就是要上课前再去赶……这些对规则的挑战从某些层面上看其实就是对权威的挑战，在这样的犯规中，我们释放的是自己因为这件事情而积累起来的不满、愤怒。

犯规会让我们感受到愉悦和欢乐，但是犯规带来的好处我们要学会节制地享受。

偶尔犯规会释放自己的焦虑情绪，但是过度犯规会有完全相反的作用。那时我们会因为自己完全游离在大家那些不成文的规则之外而衍生出孤独无依的感觉。

频繁犯规还会造成为了制造犯规的合理性，而让自己活在一个又一个谎言当中的局面。生活中难免会有谎言，当它只是一小部分的时候，对你和周围的人不会造成伤害；但当它成为你生活的主体的时候，你会为了圆一个又一个的谎而被迫制造出更多的谎言。当撒谎已经成为必需的时候，你感到的不再会是快乐。不要寄希望于别人总能够被你的谎言成功蒙蔽，一次半次还可以，长了准露馅。谁也不比谁傻。

所以，不论我们的动机是什么，要勇于面对生活中我们隐忍的事情的实质。对于生活中的各种规则、工作中的各种压力，我们在必要的时候都要巧妙使用一下“技术性犯规”，给自己的心灵一个缓冲的空间。

# 23 今天你拖了吗

“明日复明日，明日何其多。”这是我们从小就知道的一句诗，但是很多年轻朋友依然成了拖延族的一员，将手中的事情用各种借口拖延到火烧眉毛的时候才开始行动。如果你只把它当成是一个不良习惯，不认为它会给你带来很严重的后果，那你可就大错特错了！

## 拖延是一种病

为何说拖延是一种病？

准确地说，拖延是一种心理问题转化的行为习惯，如果不及时处理，它就会衍化成一种心理疾病——拖延症。

症状：不论事情大小，只要是有时间限制的就会放到最后一刻才开始行动。刚开始的时候，这样的症状只会出现在学习或者工作当中。但是随着时间的推移你会发现哪怕是交电话费或者和朋友约会这样的生活事件，你也会拖到最后一分钟再行动。

后果：在你拖延的过程中，家长、老师会对你拖沓的态度唠叨个没完没了，你自己也会因为浪费掉很多时间而懊恼，甚至对自己的能力产生怀疑。拖的过程中会有很多焦虑、不安、急躁甚至抑郁的情绪出现。

症候人群：拖沓不是学生的专利，企业员工、公司白领、机关职员都有可能患上此症。而这些患拖延症的朋友有着很多的性格共性：追求完美，对自己要求很严格，聪明、敏感又有些任性。

看看上面这些症状或者情绪体验，你是否也是拖延族的一员？

## 别把懒惰当成拖延的挡箭牌

拖延有什么大不了的，不就是因为自己有点懒吗？

你还真不要拿这个当挡箭牌，懒惰虽然不是什么好东西，但是被用在拖延这里还是挺无辜的。

调查发现，不论是拖延症多么严重的患者，在他们生活的某些方面，比如运动、阅读、音乐等方面，他们完全不会拖延。说起上网、聊QQ、论坛灌水、下载新歌、下载电影这些事情，别说拖延，就算你拉着他让他过一会儿再去，人家都老大不乐意。真正的懒惰是你把大饼挂在人家脖子上，他都有可能因为懒而饿出个好歹。所以，懒惰只是有拖延习惯的朋友一个最经不起推敲的借口。

那拖延既然不是因为懒惰，还能因为什么呢？

## 拖延——自我心理防卫战

拖延其实是一种心理矛盾引发的行为现象，看了上面的症候人群的性格，你可能会有一些疑惑，为什么追求完美和自我要求很严格的人反而会有这样的拖沓行为呢，这不是自相矛盾吗？

没错，所有心理问题都源于内心的冲突，也就是自我矛盾，通俗点说就是自己和自己不断较劲引发的一个怪圈。

一个人对自己要求很严格，追求完美，他就会期待自己做的所有事情都是无懈可击的，期待他所完成的事情得到最大范围人的认可，而正是这样的一种期待会造成拖延的行为。

没明白是吧？没关系，看看刘梅的经历或许你就明白了。

刘梅是某著名医科大学的硕博连读生，分配到一家赫赫有名的医药企业后，高学历的刘梅在工作上一直都比较顺利。最近单位让刘梅负责一个比较重要的项目，在最后交报告的时候，刘梅却发现自己出了问题。

虽然，前期的数据收集已经完成，试验进展得也很顺利，但面对已经完成一多半的试验，刘梅却无论如何进行不下去了。她每天都给自己找各种理由不去实验室，什么玻片没有到货、支撑数据没有做好，等等，反正就是拖拖拉拉不去实验室，最后要上交的报告也只有一个标题和摘要。领导的催促和同事的不满都没有成为她再次进入状态的动力。

而这件事情的出现不是没有原因的。刘梅在数月前参加了公司的一个项目设计，自恃很高的刘梅提出了很多新颖的想法。虽然领导对刘梅的想法给予了肯定，但并没有采纳她的意见。刘梅倒还接受了这个现实，并积极地参与了项目设计，然而最后项目还是被否决了。从此刘梅开始进入了拖沓状态。

而据很多了解刘梅的朋友介绍，她以前也有将工作、试验、论文都放到迫在眉睫的时候才赶制的习惯。为此，刘梅还曾在朋友面前炫耀自己的高智商总是能够让她逢凶化吉，甚至对自己匆忙赶出来的活依旧能顺利通过而沾沾自喜。

那么，这次刘梅为何已经火上房了却不像以往那样开始行动？

因为恐惧，对失败的恐惧。

学业上一帆风顺的刘梅刚刚入职就遭受了事业的挫折，而一向认为自己很优秀也没有经历过失败的刘梅不能接受自己的失败，更不能面对自己也有缺点的事实。她不敢再去触碰工作和试验，其实是不敢再一次去验证自己是否真的如自己以为的那样优秀。如果这份报告再被打回来，如果试验失败了，那她将如何面对给自己设定的那个完美且不能有瑕疵的自己？

看到这里，你应该明白了，为何对自己要求很严格的朋友会有拖延的习惯。对失败的恐惧启动了内心的一个自我保护机制——拖延。现在刘梅已经辞职，对自己要求完美的她不愿意承认她在这场自我心理防卫战中败在自我定位和自我认知的手上。

## 拖延——得到自我肯定的渠道

不是说拖延是不好的习惯和心理问题吗，怎么还会成为自我肯定的渠道？

这里可没有给拖延翻案的意思，不过是分析形成拖延习惯的又一个原因。

比如上面的刘梅，她的朋友介绍，以前刘梅就有做事情拖拖拉拉的习惯，最初她的拖延是由于对自己要求很完美、很严格，害怕出错。但是第一次的拖延让她的作业得到了很高的分数，她的聪明带给她的成功显示了拖延的结果并不总是很差。

朋友们或许也有过这样的经历：没准有时因为拖延，我们反而会做得更好；有时因为拖延，别人称赞我们的小聪明和高效率。这样的感觉会让我们窃喜，并肯定自己的能力。对自己随时给予积极肯定是没有错的，错误的是获得肯定的渠道。

大家恐怕都有过在最后期限前交工的那种如释重负的感觉。谁又能否认当时心里那块大石头突然卸掉的感觉不是一种享受呢！

正是拖延后的侥幸成功和如释重负的快感，让拖延这个坏习惯一次次地被强化了，甚至遮掩掉了拖延背后蕴含的内心恐惧和拖延过程中的焦虑不安。和其他好或是不好的习惯一样，拖延也是在不断的重复中养成和强化的。

只是此时你还没有意识到，这样的自我肯定渠道最终是要付出惨重代价的。

## 拖延——消极抵抗的有力武器

如果说某些朋友是因为害怕接受失败，或者错误理解如释重负般的放松而选择了拖延，那么拖延的原动力其实还有一部分来自“讨厌”。

仔细回想一下，当你小时候回家做一堆家庭作业的时候，你是否会先完成那些你喜欢的老师布置的作业，而将最不喜欢的那个老师安排的作业无限制延后？如果爸妈没有查作业的习惯，你甚至会在第二天早上牺牲一点睡眠时间早点到学校草草抄袭一下完事。

学生会安排你给某两个人写发言稿，一个是你喜欢的，一个是你厌恶的，都是不得不去完成的稿件，你也会先流畅地写好那个你比较喜欢的发言人的稿件，而对那个你讨厌的人的稿件，则会拖拖拉拉敷衍了事。

这样做其实反映了你内心的一种抵抗。作为学生、作为职员，不论是出于尊师重道还是为了保住饭碗，我们都不能允许自己和不喜欢的老师、讨厌得看见就想吐的老板有一个明显的对抗。于是我们就采取了一种消极抵抗的方式，虽然他或者她并没有真正看到你的对抗，但是在潜意识中你服从了自己内心的一个真实态度。

拖延这种行为在某一时刻完成了你对憎恶的那个人的抵抗，但是这个武器会不会有反作用力呢？

拖延是否会有好处？

看了许多关于拖延的成因和后果，我们也要说一下，拖延百害中还是有一利的，但是这仅供那些不会随便给自己找个理由就拖延的朋友参考。

只要是习惯就会有心理基础，如果我们总是强行和自己的这种心理机制对抗，那么坏习惯的消失只会是暂时的。这也是戒酒、减肥不能成功的一个根本原因。

单纯地压制欲望是我们最反感老板、领导的一个做法，对此我们很不屑。那为何你对自己的烟瘾、酒瘾也要下这样的狠手？简单粗暴不是解决问题的根本办法。就像我们期待领导真正聆听我们的内心那样，自己也要聆听一下自己的潜意识。

当我们发现自己有了拖延这个坏习惯之后，要平静地和自己的内心做一次对话，看看自己是为什么拖延，它最初是怎么发生的。首先要找到真正诱发拖延行为的心理，之后我们才有可能去改变它。

当你颈椎不疼的时候，你不会意识到长时间保持一个不正确的坐姿的后果多么严重；当你没有拖延症的时候，你也不会意识到自己的内心有多么纠结。由此可见，谁又能说拖延没有一点好处呢？或许正是因为这个坏习惯被及早意识到了，你才会和心灵有一次客观的对话，才会避免刘梅那样的事情发生在自己身上。

## 拖延症不是不治之症

不过也不要过于紧张，可怕的拖延，难以克服的恶习，还是有办法解决的。

首先要学会做一个普通人，克服自己追求完美的想法，因为目标越高压力越大，潜意识的恐惧也就会越大。比如你每天背诵 100 个英文单词是上限，但是假期的时候为了迅速提高自己的英语水平，也为了严格要求自己，你就给自己设定了 150 个单词的背诵量，而完成过程中的艰难感和最终没有实现目标的挫败感会让你的这个学习计划最终不了了之。这其中存留下来的挫败感、自责、压力是不会消失的。

其次，对待需要处理的事情要像吃西瓜那样将它分割开，切成一小块一小块的形状。将所要做的事情分割成一个个片段章节，一步步地按计划去完成，这样你面对的就不是整个事件，而只是一个小的步骤。

还有，将自己拖延时候的心理动态和要做这件事情的理由分别罗列。当自己有了拖延的实际行为时，就要刻意让自己重温那些理智清醒时总结出来的经验，不要给自己找借口，遵从事先安排好的计划继续进行吃小块西瓜的行为。

最后，克服拖延还有很多有效的方法，和父母、老师沟通，获得最大限度的理解；为自己建立压力的监控机制；倒计时去完成事件；及时给自己鼓励甚至是奖品，等等。但是，最关键的一点就是一定要把这个问题提升到一个高度重视的程度，有坚定的想要改变的意志。

这个社会是一个自由的社会，但是自由和自我放纵还是有很大区别的。每天早上睁开眼睛的时候告诉自己：今天没什么可拖的，不过就是完成安排的那一点点事情。每天晚上睡觉前也问问自己：今天你拖了吗？

# 24 “幽”走于办公室

我们生活的这个时代，职场竞争越来越激烈，压力也越来越大。对于繁忙的工作，人们通常是牢骚满天。一位Q同事精辟地总结道:“要想轻松工作，要么就是能力特别强，要么就是责任心特别少。”然而在现在这个物质生活日益丰富的时代，精神生活的质量总是备受关注的，人们想尽方法让自己的精神生活得到满足，让生活重现生机。工作不只是为五斗米而折腰，还要注重精神层面的愉悦。所以——

幽默是一种生活方式。在工作中我们会面临职场百态，与其改变环境和他人，倒不如先改变自己。比方说，保持轻松乐观的态度，毕竟，“笑一笑十年少”，心情舒畅了，身体健康了，才能为人民币多干几年嘛!

幽默是一种个人魅力。大家都有这样的体会，和幽默风趣的人相处，会觉得非常轻松愉快，气氛融洽。枯燥的会议，因他在而谈笑风生；同事聚会，因他而红火热闹；面对严肃的上司，他出语诙谐，松弛了上司拉长的面孔;面对拘谨的下属，他妙语解颐,缓和其紧张的心情。假如是参与紧张的商业谈判，在激烈的讨价还价之余，来点儿幽默，更有助于顺利地达成协议。

幽默是一种工作态度。不论我们从事何种工作，身居何处，有一种东西总能助我们一臂之力，使我们的工作和事业更顺利地发展，使我们的社会交往更加广泛，那就是幽默。在抬头不见低头见的办公室，同事之间难免产生矛盾、误会和摩擦。但只要来点幽默，就等于在摩擦得发烫的齿轮中，注入了几滴润滑剂，不致碰得火星四溅，撞得伤痕累累。这正是因为幽默具有把人带出尴尬境地、化干戈为玉帛的特殊功能。当我们想积极进取，赢得人们的欢迎和信任时，幽默的力量就能发挥很大的作用。有人说幽默是人的一种性格，其实幽默更是一种态度。当一天有三分之一多的时间都在办公室中度过时，幽默的态度想必会让你爱上这段繁忙的时间。

## 幽默是办公室的便利贴

办公室都有一个通病：只要老板在现场，空气瞬间凝固，令人窒息。若要谈笑恐怕也只有老板自己敢谈笑。等到老板离开，空气顿时清爽多了，欢笑声四起，灵感时时迸发。这倒也不是下属个个偷奸耍滑，而是背后少了一双监视的眼睛，人们的心情也就放松多了。

其实，不论老板还是下属，都可以在平淡无奇的工作中制造一些令人开怀的事情。有时候，老板可以忽然幽默一下。比如，在给下属的批复文件中画一个笑脸，写上一句“辛苦你了”，保证能让他铭记一生。至于下属，在和老板严肃地交涉时，如果始终保持愉快的心情，谦虚、幽默、随和，你会发现，严肃的空气中也会有轻松的因子。在这样的环境中，你们的合作才会更加愉快，从而达到共同的目标。这其实也从侧面反映出幽默不仅是最佳的交际方法之一，在办公室中也有举足轻重的地位。

第一次见面，幽默可以拉近距离。

和第一次接触的人交谈，往往很难开口。如果你是个幽默的人，恰如其分的一句玩笑话，就能拉近彼此的距离，较快熟悉起来。严肃的交谈和例行公事般的来往，往往给人一种戴着假面具的感觉，似乎只能看到你的外表，却无法深入你的内心。这样的交流是没有心灵沟通的社交，是很难持久下去的。但是幽默可以让人看到你本质的、人性的、纯朴的一面，这是人性的共通之处。

在人际交往中，幽默能够促成良好的互动。

幽默在人际交往中的作用是不可低估的。美国一位心理学家说过："幽默是一种最有趣、最有感染力、最具有普遍意义的传递艺术。"幽默的语言能使气氛轻松、融洽，利于交流。人们常有这样的体会，疲劳的旅途上，焦急的等待中，一句幽默话、一个风趣故事就能使人笑逐颜开，疲劳顿消。

## 对员工来说，幽默是种工作能力

工作中，能幽默地在同事中表达你的观点；能幽默地教导和批评下属，用幽默鼓励下属；在笑声中向上司提建议，幽默地批驳你的上司，这是一种能力。具有幽默感的人，其工作生活也充满情趣，许多别人看来痛苦无限的事，他们却应付得轻松自如。这样的人，能给同事和老板留下能力很强的印象。毕竟，在竞争日益激烈的社会，情商有时比智商还要重要。

你知道吗?

美国卡内基美隆大学的研究人员曾就"事业成功的因素"对上万人进行调查。其结果是，在影响个人事业成功的因素中，技术和智慧所占比重为15%，良好的人际关系则占比重的85%。因此，我们可以说幽默也是种工作能力，是事业成功的催化剂。

## 对公司来说，幽默也是生产力

公司前台小美是个小迷糊，经常丢三落四不说，领导安排的任务也经常打折扣。以这样一个追求效益的公司来说，小美早就该被开除N次了。可事实上，小美已经待了四年了。为什么呢？就因为她长相可爱，个性活泼开朗。她一开口，就能逗得大家哈哈大笑，压力顿消，办公室的气氛马上活跃起来，工作效率也立马高了。就为这，几次想让她走人的老板最后也认了：就当雇她当了“开心果”和心理治疗师吧。

你知道吗？

巴西人对一个优秀员工的评判标准除了业绩突出之外，更重要的是这名员工的社交能力、创造力、领导能力和幽默感。一项对巴西100多家大型企业的调查报告显示，其中94%的企业认为，性格开放、幽默感强的员工在工作中能力能够发挥得更好，而且还可以调动起周围同事的工作积极性。

## 幽默帮你化解困境

在办公室中，幽默可以使激化的矛盾变得缓和，从而避免出现令人难堪的场面，化解双方的对立情绪。幽默还可以维护自己的利益，捍卫自己的尊严，不伤对方的感情，使问题更好地解决。这是别的手段无法媲美的。

李浩的上司是一个女老外。在与她相处的过程中，李浩通常会看准时机幽默一把，而且总能产生好的效果。有一天，李浩不小心把可乐打翻在女上司办公室的地毯上，上司异常恼火，让李浩立即清理干净，并不停地唠叨说蟑螂部队准保会因此大规模地袭击她的办公室。李浩想了想，微笑着说："绝对不会发生这种事，因为中国蟑螂只爱吃中餐。"老板的脸色顿时放晴，露出灿烂的微笑。

鲁迅曾指出，幽默是要生出结果来的，幽默并不是为笑而存在的，而是要自自然然地将人生有价值的一面揭示出来。这时候，笑在幽默的滋润下将自自然然地开出你所期望的灿烂花朵。激情在此释放，燃烧的只是那些让人难堪的事实。

## "幽"走于办公室

大家只要仔细观察就会发现，在一个群体或组织中总有那么几个特别幽默的人。他们似乎在出风头，常当众说出令大家忍俊不禁的话语，逗大家乐。但是其实他们也是在幽默自己，幽默人生。有的人也许会说，幽默只是某些人的天性。这句话就说错了，其实幽默并不难寻找，更不是天生就有的，而是靠后天家庭环境的影响或是自己培养形成的。

幽默离你并不遥远，幽默细胞，你也可以拥有！用幽默来处理办公室的烦恼与矛盾，使幽默成为办公室生活的真正养料吧！以下小贴士可以帮你真正"幽"走于办公室。

有备而来。广泛涉猎，拓宽知识面，积累丰富的谈资，有审时度势的能力，那么你在各种场合与各种人接触都会胸有成竹、从容自如。

平时不妨搜集一些搞笑的语录和故事，经常看一看，然后不自觉地，搞笑的话语就脱口而出了。

如有机会可参加专门的幽默训练，这也不失为一个培养幽默感的有效途径。

培养高尚的情趣，保持乐观的信念。幽默其实也是一种宽容精神的体现，一个心胸狭隘、思想消极的人是不会有幽默感的，幽默属于那些心宽气平、对生活充满热情的人。多看看传记，多旅游，看看大海和天空的广阔，胸中块垒自然就消除了，看别人也就更觉得可爱了。

提高洞察力和想象力。要善于运用联想和比喻，要有意识地训练自己对事物的快速应变能力和分析能力，使你的幽默不落俗套。

近朱者赤。多接触有幽默感的人，这种影响产生于无形之中，可以使你在增强幽默感的同时扩大交际面，增强社交能力。

记住，最重要的还是从自我心理修养和锻炼出发来提高自己。

## “幽”中有度，掌握幽默潜规则

职场上，如果一个人活泼幽默，懂得讲一些笑话来活跃气氛，总是会比较受欢迎。但是，需要提醒大家的是，职场上的幽默也有一些潜规则，幽默的语言应把握方寸，否则只能使自己的形象滑稽、猥琐。幽默一旦超出了礼貌的起码要求而步入禁区，也就不成其为幽默了。所以，掌握这些职场安全幽默的规则吧！

工作场所尽量不要说黄色笑话。特别是对女性，她们可能会觉得被冒犯。幽默不是庸俗，黄段子可能让你的同性伙伴会心一笑，引为知己，可是在女同事中，你可能已经不知不觉地得到“猥琐男”的称号了。

不要拿别人工作上的表现来讲笑话。人非圣贤，孰能无过？今天你拿人家的错失当笑话，明天搞不好你就是被笑话的那一个。

避免讲关于宗教、种族、国籍、性倾向的笑话。平日看起来特男人的同事，说不定就是个还没出柜的GAY；三天没见，你对面的小张也许就皈依了基督教。一个不恰当的玩笑，说不定就让你在无心中树立了敌人。

尽量只开关于自己的玩笑。这样别人会觉得你容易接近，因而乐于和你做朋友。自嘲不仅是幽默，还是风度和自信的表现。

如果要开比较亲近的同事的玩笑，尽量拿那些无伤大雅的小事来说，别“当着和尚笑话秃子”。

幽老板的默，要三思而后行，冒犯了领导的尊严，升职加薪没你的份不说，情况严重的还会请你立刻走人。这里特别需要大家注意的是，如果你的上司是个老外，那更不能随便对他（她）幽默，因为某些文化差异可能带来令你哭笑不得的后果。所以，对老外幽默最好是在了解了国与国之间的文化背景和职场习惯后，否则，结果未必是令人开心的。

OK！亲爱的Office Ladies & Gentlemen，从明天起，做一个驾驭幽默、驰骋职场的人吧！

测试

# 你是否患有拖延症

拖延症是阻碍个人成功的绊脚石，你是否也患有这种职场常见病呢？可以通过下面的测试让你更加了解自己。

首先准备好纸笔，记下每道题所选择的答案序号，全部完成后再看测试结果：

1. 面对一堆文件，你会选择哪份优先处理？

A　时间最靠后的，重要性最低的文件

B　时间最靠前的，比较重要的文件

C　不看时间，先处理最重要的文件

2. 对于领导新交下来但并不急着要的工作，你会选择什么时候开始做？

A　下班前做

B　整点开始做

C　立即做

3. 当你在工作中突发灵感的时候，手机短信和 MSN 的呼叫同时响起，你会怎样处理？

A　先看短信

B　先看 MSN

C　先趁着灵感完成工作，再看短信和 MSN

4. 当你静下心来做事之前，你会有以下哪种行为？

A　泡杯咖啡或茶

B　去卫生间

C　直接开始工作

5. 你通常在什么样的状态下开始工作？

A　没有其他欲望或想法的时候开始干正经事

B　有好心情或找到好时机的时候开始干正经事

C　随时可以开始工作

6. 每完成一项工作，你会有怎样的评价？

A　这次做得不好

B　一般水平

C　对这次工作成果很满意

7. 平时你最喜欢看哪类节目？

A　电视剧

B　没有特殊爱好

C　电影

8. 用一句话形容你目前的工作状态，你认为以下哪句最贴切？

A　工作任务重，压力很大

B　工作量虽大，但还能应付

C　工作很轻松，还能胜任更多的工作

9. 每天清晨醒来，通常出现在你脑海里的第一个想法是什么？

A　昨天还有哪项工作没做

B　赶紧上班，别迟到了

C　今天都应该处理哪些工作

10. 用一个词来形容你自己，你认为下列哪个最适合？

A　完美主义者

B　慢条斯理型

C　急性子

11. 你对上司的印象是怎样的？

A　是个工作狂

B　是个严谨刻板的人

C　是个随和的领导

12. 通常你会在怎样的情况下洗衣服？

A　家人催促了才去洗

B　堆到自己看不过去了才去洗

C　想到了就去洗

13. 你认为自己一年中最忙碌的时间段是什么时候？

A　年底

B　年中

C　年初

测试结束，把各题选项的得分相加，即是你的总分数。

选项 A 计 3 分，选项 B 计 2 分，选项 C 计 1 分

31 分～ 39 分：拖延症感染型人群

此类型的人，很不幸已经被拖延症感染，并深陷其中。你的工作常态就是将手中的事情用各种理由拖延到火烧眉毛的时候才开始行动。别对此状况掉以轻心，长此以往，不仅领导、同事会对你拖沓的态度唠叨个没完没了，你自己也会为拖延浪费了时间而懊悔不已，甚至对自己的能力产生怀疑。建议你克服完美主义的自我要求，目标越高压力也会越大。当自己有了拖延的实际行为的时候，不要给自己找理由、找借口，遵从事先安排好的计划继续行事。

21 分～ 30 分：拖延症易感型人群

此类型的人暂时还不算是患有拖延症的人，但是有发展成拖延症人群的倾向，到底是往前进一步，还是往后退一步，全在自己的一念之间。平时偶尔的拖沓也许会给你带来些许轻松，但日积月累，你就有可能被一步一步地拖入拖延症的受害者行列。所以，防微杜渐的工作不能少。建议你在有拖延意图的时候，赶紧消除脑中的想法，尽快把手头工作处理好，养成及时工作的习惯。

13分～20分：拖延症免疫型人群

此类型的人工作起来雷厉风行，是领导及同事眼中的精英型人才，在这种人身上也从来看不见一丝拖沓的影子。虽说拖延症不会感染你，但你经常会被忙不完的琐事拖累，这同样会给你的身心造成巨大压力。建议你在完成额定任务之余，做一些自己喜欢的事情放松心情，有张有弛才能保持最佳的工作状态。在恰当的时候做完该做的事，也让自己的心有个喘息的机会。